ルートヴィヒ2世の食卓

メルヘン王に仕えた宮廷料理人の記憶

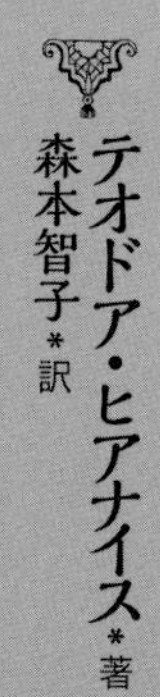

テオドア・ヒアナイス＊著
森本智子＊訳

教育評論社

日本語版序文

本書はバイエルン王ルートヴィヒ二世（一八四五〜一八八六年）の晩年に、料理人見習いとして王の宮廷に勤務したテオドア・ヒアナイス（一八六八〜一九五三年）による回顧録です。

ルートヴィヒ二世に関しては、本国ドイツではあまたの書籍や研究資料が存在しますが、日本ではその知名度に反して知られていない部分も多いように思われます。ルートヴィヒ二世の食生活も、よく知られた彼の築城熱やリヒャルト・ヴァーグナーとの関係などに比べると、ほとんど取り上げられることのないテーマではないでしょうか。

そのテーマに触れることができるのが本書です。実際に王に仕えた人間によって著されているノンフィクションである点が、ルートヴィヒ二世に関する研究書や論説といった、後世に客観的に書かれたものとは異なる面白さを感じさせます。また、弱冠一四歳にして宮廷に入った若者の貴重な経験譚としても興味深い記録です。

短い回顧録ながら、一九世紀という時代や王室に関連する用語には馴染みのないものも多く、できるだけ内容を理解しやすくするため、この日本語版では注釈はもちろん、回顧録の内容を補足するコラムを挿入しています。それらに合わせ写真も日本語版用に追加しており、ビジュアル面からも当時の様子が少しでもイメージしやすくなるよう配慮しました。

本書をお楽しみいただき、また本書を通じて、ルートヴィヒ二世やその時代、当時の食文化や歴史などにさらなる興味を持っていただければ幸いです。

ルートヴィヒ２世の食卓

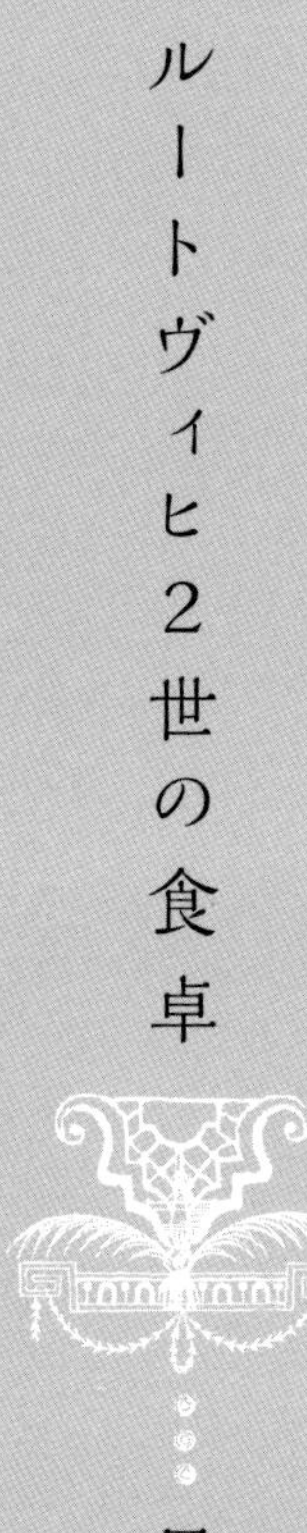

目次

【凡例】

・本書は Theodor Hierneis, *König Ludwig II. speist, Erinnerungen seines Hofkochs* (Stiebner Verlag, 2013) の翻訳である。
・回顧録中の〔　〕は訳者による補足を示す。
・本文中に入りきらない補足については、＊で示し、下段注として記した。
・本書では回顧録の内容理解の助けとして、原書にはない図版のほか、コラム、解題、附録等を新たに追加した。
・宮廷の組織・役職名の翻訳については、一部宮内庁の用語に相当すると思われるものを採用した。

●▼装丁＋本文デザイン………中村友和（ROVARIS）

ルートヴィヒ二世の食卓

一九五三年の初版における巻頭の辞

ルートヴィヒ二世の宮廷料理人を務め、メルヘン王の悲劇の一連を目の当たりにした最後の生き証人の一人であるテオドア・ヒアナイスの回顧録は、興味深く詳細なエピソードに溢れている。特別な立場にあった者の視点を通して語られるこの記録は、王ルートヴィヒ二世に関する多数の書物を補完できるものだ。またその価値は、際立って簡潔かつ誠実な描写に見いだすことができる。

コンスタンティン・プリンツ・フォン・バイエルン

◎ 20 歳のテオドア・ヒアナイス

宮廷入り

「いいか坊や、ここの生活に慣れなくてはいかんぞ」

親切にこう言ったのは宮廷料理長だった。一四歳の少年だった私を一人前の料理人にすべく両親から引き受け、就業規則を教え込むところだった。ミュンヘン・レジデンツ*の大きく立派な厨房には見るべきものがいろいろあった。豪華な食器類、ぴかぴかに磨かれた銅鍋や調理道具類、大きく清潔なかまど。最も私を驚かせたのは、ここでは同時に六人もの料理人が一緒に作業をしていることだった。そこに宮廷料理長まで加われるほどの広さとは！　だが料理長は私に驚嘆する暇を与えず、そして料理長から伝えられることは、すぐに飲み込めるほどやさしいものではなかった。まずよく眠れたかと聞かれた。今晩床につくのはかなり遅くなる、もしかすると翌朝になるかもしれないというのがその理由だった。

「王は夕方六時から七時の間に起床される」と説明された。この時間に

***ミュンヘン・レジデンツ**
ミュンヘン市内にあるヴィッテルスバッハ家の王宮。

朝食を用意しなくてはならない――コーヒーに、宮廷パン工房の焼き立ての角型（つのがた）パン〔クロワッサンに似た形のパン〕とミルクパンだ。真夜中を過ぎて一時から二時の間に王は正餐（せいさん）を取り、食事前の仕事を継続する。城の建築プラン作り、書類の処理作業、夜の静かなイギリス庭園*での馬車乗り――これらが朝六時か七時の晩餐まで続き、この後ようやく王はお休みになる。

こんな仕事始めはもちろん楽ではなかった。宮廷厨房の料理人たちは王に合わせて昼夜を逆にしなければならないのだ。一四歳の私には特に辛かった。成長期の人間にとって、日中の数時間程度の睡眠は、決して十分な安眠の代わりになどならないことを実感するまで長くはかからなかった。しかし他の皆ができることは自分にもできるはずだと言い聞かせてがんばった。王には奇異な習慣がおありで、分別のある人間は持ち合わせない気質を備えた変わり者のようだということはすでに聞いていた。

だが、それについては何が本当で何が作り話なのか、むろん知るよしもなかった。それに王の一日のスケジュールが最初はとても奇妙に思えたにしても、そんなことで何時間も頭を悩ませるような趣味はなかったし、そんな時間ももちろんなかった。王の振る舞いについて若造があれこれ考え

＊イギリス庭園
一八～一九世紀にミュンヘン市内に造られた大規模な公園。

る必要などあるだろうか！

一八八二年一一月一日、私の名前が宮廷厨房見習いとしてバイエルン王室最高侍従長幹部の人事ファイルに登録された。この先四年間、稀有な王の宮廷の一員となることができた。

バイエルン王室の厨房見習いはかわいがられ、手厚く扱われ、古い伝統に従って丁寧に教育された。ゆくゆくは引退するお抱え料理人の後釜を務めるからだ。見習いは賄い（まかない）も十分に与えられ、一人につき毎日肉一つと、昼食に用意する料理全てが配られ、一人一人に対し大きなかまどに自分の場所があてがわれた。

当時それほど珍しくなかったものに、現金の支給もあった。現場渡し、つまりミュンヘンの他にベルク城またはホーエンシュヴァンガウ城といった固定の場所で、毎日一・四〇マルクが支払われた。しかし遠出の際や――王はしばしば数カ月にわたって移動することがあった――山小屋や狩猟小屋、リンダーホーフやヘレンキームゼーでは、半額以上が上乗せされ二・一六マルクになった。年末を迎える頃には厨房見習いにとっては相当の金額になった。当時すでに私は懸命に貯金をしていた。浪費する機会などそもそもなかったし、貯めたお金の一部は数年後、準備をしていた一年志願兵試験*に充てた。マクシミリアン通りの王府庁舎での年に一度の試験に幸い合格できた。

賄いや給料ほど良いとは言い難かったのは宿舎で、レジデンツの北西のそで上に造られた冬庭園(ヴィンターガルテン)の下にある部屋を同僚と共有していた。この庭園は我らが王の特別な作品で、王宮庭園の前面に向かって庭園の四分の一の長さまで広がっており、巨大な鉄骨構造を擁し、貯水槽、花壇、灌木、木々――特にヤシと専用の土――が収められていた。ものすごい重さのまさに怪獣のような代物で、庭園造りを想定する前からあった壁には過剰な負荷がかかっていた。安全面の理由から、ヴィンターガルテンは王の死後すぐにまた撤去されることになったが、私に部屋が与えられていたときは十分に稼働していた。私と同僚のベッドは、王がゴンドラに乗るために造られた池の下にあった。どこか水漏れする箇所があったらしく、巨大な貯水槽から漏れた水が、しばしば私たち二人の上に激しく降りかかった。たった一本しかない傘を開いてかろうじて漏水からいくらか身を守ることができた。被害を報告していればきっと点検してもらえただろうが、見習いの

*一年志願兵試験
一八一七年にプロイセンで始まった徴兵制度。志願者自身が入営にかかる費用を負担することで、兵役を短縮できるというもの。普仏戦争の後、バイエルンでも採用された。

◎ミュンヘンのレジデンツにあったヴィンターガルテン

(Historische Fotografie, Wintergarten Ludwigs II. in der Residenz München, Blick nach Westen mit dem Maurischen Kiosk, Joseph Albert, München, um 1871, L.II.Mus.Kat. 344. Herrenchiemsee, Ludwig-II-Museum)

私たちにはその勇気が出せず、引き続き傘に頼るしかなかった。

最初の簡単な説明の後は、様々な食材について教わった。先輩が棚や保存容器の中身を見せながら、中にあるものを種類や品質も含めて教えてくれた。異なる米の種類について説明を受けたが、なかでもカロリナ米*が最も上質だという。米は炊くとき、粒が割れてはならず、常に粒の形を保持しなくてはいけない。特にリゾットを作るときは米は転がすようにするのだと、そしてリゾットにはカロリナ米が最も適しているのだと教わった。アーモンドについても、ビターアーモンドが混じっていないか、きちんと確認しなくてはならなかった。ビターアーモンドは小さく、しわが多い点で見分けられる。さらに小粒干しぶどう〔コリント〕、サルタナ、干しぶどう〔レーズン〕の違いも習ったが、これらはインゲン豆、レンズ豆、黄エンドウ豆と同様、小石などが混じっていないかいつも必ず精査する。茹でる前はきれいに洗い、汚れは丁寧に取り除く。これらを理解できたかどうかと質問され、自信をもって「はい」と答えると、理解したことを実際にやってみるよう指示された。ただ、与えられたのはレンズ豆でも干しぶどうでもなく、一袋の塩で、私はそれを懸命にぬるま湯の中へ振り入れた。中に

*カロリナ米
アメリカのサウスおよびノースカロライナ州、ジョージア州で当時盛んに栽培されていた長粒米。ヨーロッパ、アジアへも輸出され、その品質は評判となり、当時の料理本にも頻繁に登場した。

は小石など一つもなかったばかりか、塩もそのうち溶けてなくなり、皆に笑われただけであった。

また別のときには、お抱え料理人が麺台に出した粉一ポンド〔五〇〇グラム〕を、取っ手付きのみじん切り包丁でさらに細かく切っておくように言われ、取り掛かったものの無駄な努力に終わった。初期の頃に味わったこのような苦杯をなめる気まずさは、後輩ができたら同じように騙してやろうという愉快な想像で慰められたのだった。それ以外はなるべく用心していた。それなのにまたしても意地悪の被害をこうむる羽目になってしまった。

それはホーエンシュヴァンガウの古くロマンチックな城でのことだった。ある日厨房で働く女中が私を流し場に案内し、毛皮がついたままのウサギを台に放り投げてきた。料理長からの指示で毛をきれいにむしり取っておけというのだ。もちろんそれまで何度もヨーロッパヤマウズラやシギの羽毛をむしり取る仕事を仰せつかることはあった。でも今度はウサギを？　ウサギなど初めてだった。私はきちんと作業しようと懸命に、皮が見えるまで毛をむしったが、指がどんどん痛くなりとうとうそれ以上作業ができなくなった。流し場では私の作業を見物する者がどんどん増えていき、彼らがもはや笑いを噛み殺すことができなくなると、私の無意味なひたむきさは、翌日のテーゲル山への遠足用にちょうどオーブンで焼いていたリンツァートルテ*で報われた。これで私の厳しい試練は終わった。後になってから、先輩たちも私と似たりよったりで、それほどうまく立ち回れてはいなかったと聞いた。私は「見習いにして笑われ、師匠にして尊敬される」のだと自分に言い聞かせたのだった。

＊リンツァートルテ
オーストリアの町リンツから名付けられたとされるケーキ。ナッツやスパイスを混ぜた生地に赤スグリのジャムを塗り、同じ生地で作った格子を被せて焼く。

コラム……Ⅰ　バイエルンの宮廷組織と王室御用達

◆バイエルン宮廷

バイエルン王国の宮廷や国家の様々な組織、役職については毎年『バイエルン王国　宮廷および国家組織便覧』にまとめられていた。テオドア・ヒアナイスが勤務していた一八八四年版を見ると、国王の宮廷には一三の部局があり、宮廷厨房に関わる職務はそのうちの一つ、上級侍従長幹部に属する。侍従長とは王室の身辺に関わる仕事を司り、王室の財政管理、家政、城の維持、王家の食事や王室の厨房、ワイン貯蔵庫の管理、国王夫妻の謁見、接待、旅行、公的な外国訪問の手配が管轄であった。

一八八四年の記録によると、上級侍従長幹部は、事務室、大膳課、リヴレ（紐飾りなどの装飾のついた制服、またそれを着用した近侍の総称）、王室庭園管理部の四つの課に分かれ、そのうち厨房は大膳課の一部であり、この課には執事、食糧長、厨房長、酒蔵長、製菓長、銀食器管理長、食卓クロス担当、小官、小官助手という役職があり、その他従僕、女中などがいた。一八八六年六月一日付けの便覧では、大膳課に勤める者は六一名、リヴレには二一名の近侍がいた。

宮廷料理人（Hofkoch）とお抱え料理人（Mundkoch）は似て非なるものである。宮廷料理人が宮廷厨房で廷臣たちの食事を担当する料理人であるのに対し、お抱え料理人は王侯貴族など主人の食卓を担当する。『バイエルン王国宮廷および国家組織便覧』を見る限り、ルートヴィヒ二世は少なくとも正式にはお抱え料理人というものを持たなかったようである。父マクシミリアン二世は自身の在位中、一九世紀の代表的な料理本とされる『上流階級と一般市民の料理を考慮した洗練された料理技術への理論・実践の新完全手引書』の著者ヨハン・ロッテンヘーファー（一八〇六〜一八七二年）をお抱え料理人としており、ルートヴィヒ二世にも仕えたが、お抱え料理人という役職名は便覧から消えている。ヒアナイスの回顧録中にも「お抱え料理人のロッテンヘーファー」なる人物が登場するが、彼はカール・

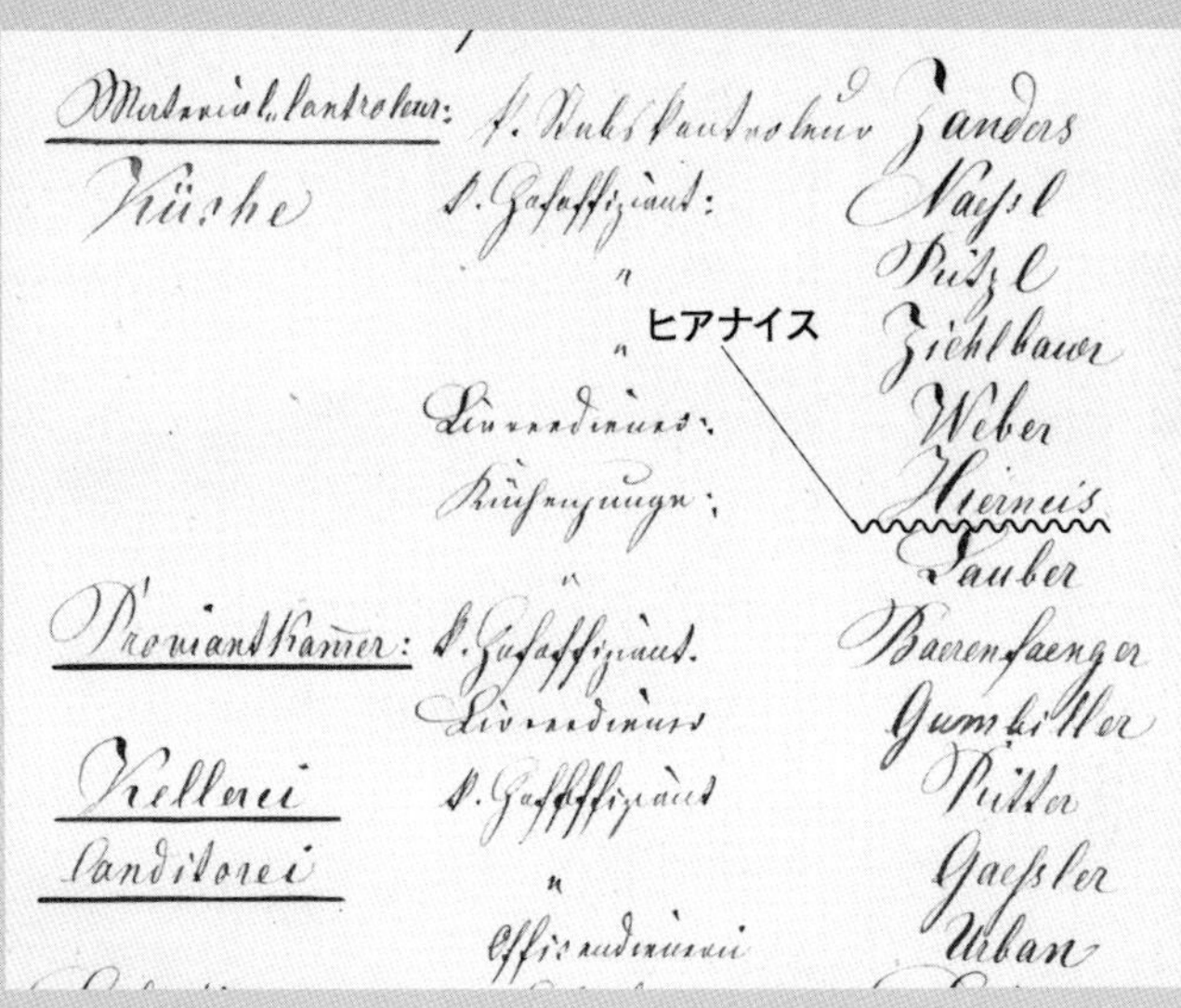

上級侍従長幹部の職員一覧。ヒアナイスの名前が読み取れる。

（BayHStA, GHA, Obersthofmarschallstab A 23）

ロッテンヘーファーといい、別人である。

著者のテオドア・ヒアナイスであるが、彼の名前はどの年の便覧にも記されていない。これは、本人が公務員として本採用されていなかったことによる。通常、本採用は数年間の勤務の後にのみ行われるが、ヒアナイスは勤務年数が少なかったため、その対象にならなかった、あるいは本人が求めなかったことが考えられる。

上記写真は一八八五年、ルートヴィヒ二世がホーエンシュヴァンガウ城に滞在した際の上級侍従長幹部の職員一覧である。ヒアナイスの他、回顧録に登場するツァンダース、グンビラー、マイアーの名前も記録されている。

◆王室御用達

ヒアナイスは後年の一九〇一年、高級食材店をミュンヘン市内にオープンする。この店はバイエルン王室御用達となり、シュタルンベルク湖のそばにも支店を出し、ベルク城へ食糧の配達を行った。

バイエルン王国時代における宮廷御用達はバイエルン王室御用達（Königlich bayerischer Hoflieferant）といい、

王国が存在した一八〇六〜一九一八年まで、バイエルン王国内外におよそ一七〇〇ほどそのタイトルを授与された職人や商人がいた。御用達のタイトルは店舗や会社よりも主に人物に与えられた。また、御用達の任命は国王だけでなく、王家の他のメンバーも行っていた。その場合例えば「〇〇殿下の宮廷御用達」という言い方になり、「バイエルン王室」の文言は付かない。一九世紀末になると、こうした宮廷御用達の授与が著しく増加したため、摂政ルイトポルト公により、「最高権威の許可」がない限り、王家の一員から御用達を授与することは許されないという法令が発布された。

王室御用達となっても、宮廷への納品を要求する権利はなく、御用達のタイトルを持たない業者であっても王室からの注文を受けることは多々あった。実質的な御用達の業務を果たしていたのは、前に「ホーフ（Hof）」がつく人や店で、例えばホーフフォトグラーフ（宮廷写真家）、ホーフユヴェリーア（宮廷宝石商）などである。なお、有名なミュンヘンのビール醸造所・ビアホールのホーフブロイハウスは、一五八九年にバイエルン公が建てたものであり、バイエルン王国でも王室宮廷醸造所として直接経営していた。

宮廷は数多くの仕事や職員を抱える一つの経済圏であったため、仕事を宮廷の外部へ発注することは多々あり、宮廷予算の状況や技術の進歩に伴って様々な職人や技術者を雇用していた。例えば一八七九年に王室御用達を授けられたアウグスト・ヴュルトは、当時発明されたばかりのドライクリーニング業を行っていた。

ルートヴィヒ二世は芸術を好み、多くの城を建てたが、そのために雇った大工や金箔職人、磁器絵付け職人、ガラス職人、美術商などの中からも王室御用達を与えられた者がいたほか、バイエルンの外では、オー・デ・コロンを発明したケルンのヨハン・マリーア・ファリーナの会社にも一八七二年に御用達のタイトルを授けている。

ちなみに著者テオドア・ヒアナイスの父オットー・フリードリヒ・ヒアナイス（Otto Friedrich Hierneis）も王室御用達の称号を授けられている。オットーは革製品職人兼手袋職人で、ミュンヘン市内で皮革製品工房と下着や帽子、ネクタイなどを売る店を営んでいた。毛皮や皮を求め外国への商用旅行もしていたという。オットーの妻アナの兄弟

シュタルンベルクにあったヒアナイスの食材店

がミュンヘンの中心地、市庁舎があるマリーエン広場の一番地と二番地の家を購入すると、一八六八年に二番地の建物に店を移した。この店が一八五九年からバイエルン王室御用達となる。なお、第二次大戦の空襲を受けた後は別の通りに店を移して営業を継続した。

（森本智子）

父オットーの店舗（向かって左下）

王

王のお側で接点を持つことはまだなかった。もちろん王のお姿を無意識にイメージしてはいたし、日々の会話を通して聞く王の話は、たとえ話の脈絡が理解できなかったにしても、全て私のイメージに反映された。当時は地位の高い官僚であろうと小さな厨房見習いであろうと、話の関連性をきちんと把握できたものは誰もいなかっただろうと、今日私はそう思っている。

王に関するあらゆる議論の中で全てを差し置いてまず登場する名前、それはもちろんリヒャルト・ヴァーグナー*だった。王とこの偉大な作曲家との友情は当時すでに国事案件となっていて、一八八〇年代に入っても人々の心を支配していた。王が外面上のみならずひょっとしたら内面的にもヴァーグナーという人間に距離をおき、連絡を取り合っていなかったとしても、二人の仲は王のイメージと切り離すことはできなかった。王はヴァーグナーの作品とその上演権を所有していたのでいつも近くにいたし、ベル

*リヒャルト・ヴァーグナー
(一八一三〜一八八三年)。ドイツの作曲家。ルートヴィヒ二世の庇護を受け、多くのオペラ作品を残す。

ク城あるいは別の場所からも、幾度となく王立劇場まで上演を観にお出かけになっていることがそのイメージを物語っていた。

王の従姉妹でオーストリアのエリザベート[*]皇后に対し好意を抱いておられたことも知られており、彼女についてはいくつかの伝説も生まれた。王にリュートリ〔スイスの地名〕でヴィルヘルム・テルの暗唱を披露したカイ[*]ンツとの出会いや、もちろん一番重要なテーマである王の建築への情熱、有名な王の城についても聞いていた。

王の行動や決定の多くに対してはいつも抗議の声があがったが、王の人柄が話題になるときだけはほぼ全員の意見が一致した。褒めそやされた端麗な容姿、驚異的ともいえる記憶力に基づいた思考力や発言の機敏さ、高貴なまなざし、その佇まい、感激するときは美しく、真剣なときも憂鬱なときも落ち着いていた――一言で言えば近寄りがたい国王陛下――これら全てがバイエルン王国の統治者のイメージであり、これ以上の完璧さは望むべくもない君主の姿であった。輝かしい王のおとぎ話のイメージは私にも馴染み深く、日に日に深く心に刻まれていった。

これほど高貴な人物のそばで働き、お世話をさせていただくのだと聞い

＊エリザベート
（一八三七～一八九八年）。オーストリア＝ハンガリー帝国皇帝フランツ・ヨーゼフ一世の后。正確には、ルートヴィヒ二世の父マクシミリアン二世の従姉妹にあたる。

＊ヨーゼフ・カインツ
（一八五八～一九一〇年）。オーストリア出身の俳優。ルートヴィヒ二世にその容姿と才能を認められる。ベルリンやウィーンでも活躍し、オーストリアでは一九五八年カインツ誕生一〇〇年を記念しカインツ賞が設けられた。

◎この本に書かれた時代の王（1884 年）

たときに私を包んだ感情を、同じように表現できるものが今の時代には見当たらない。今日なら州首相の厨房の従業員だろうか？　それは良い職場だね、と人は言うだろう。だがあのような栄誉を受けた若かりし日の私が

感じた栄光や煌めきと比べるには、なんと貧弱な対象であろうか。陛下の周りに身を置くことができたのは、何という幸運だったのだろう!

この幸福感が、健全な好奇心で周囲を観察するのを阻みはしなかったし、そしてもちろん王自身もその好奇心の対象だった。厨房での仕事とは別にまず教えられたのは、陛下に出くわしてしまったときの振る舞い方だった。最優先すべきは王を見つめないということ、そう、陛下の方を見上げてはならず、おじぎをして頭は下へ向け両腕は曲げずに、陛下に認められるか話しかけられるまで待たねばならなかった。陛下に自ら話しかけたり何かをご指摘差し上げるなどということはめったになく、もちろん考えられもしないことだった。当時私はまだ、王が人に会うのを好まず、試すような眼差しでこうした恭しい態度を求めることを知らなかったため、このように振る舞うのを、最初は当然のこととして受け入れた。しかし深くおじぎをしたまま身動き一つせずに居続けるのは辛く、王に出くわさないよう避けるほうが得策ではないかと思った。たった一度ご機嫌を損ねただけで非難されることになりかねないし、後に王の人嫌いがより激しくなると、誰も扉のそばや前広場、さらに王のお部屋の窓から見えるところにも立たないようにとの忠告があった。王が突然お姿を現したとき逃れることができない場合は、指先が靴に届くほど深くお辞儀をすればお怒りを買わずに済んだはずだ。

もう一つ私の関心を強く引いたことがあった。王がお一人で食事をされることは当然すぐに分かった。それにもかかわらず毎回の食事は四人分をご用意しなければならなかったのだ。最初私は、これを宮廷生活での理解不能な数多くのしきたりの一つだと思っていた。すると、王には想像上の食事相手がいること、王が模範とするフランス王室の人物たち、ポンパドゥール夫人*やマントノン侯爵夫人*フランソワーズ・ドービニェ、デュ・バリー夫人*と乾杯し歓談しているのだと聞き知った。

我が王が病気または気が狂っているなどと思ったことはもちろん微塵もなかった。私たちの誰もそんなことは考えようもなかった。あまりにも王を崇拝していたからだ。食事のことは一種の贅沢だと捉え、陛下のお姿や誇示した自信、贅沢好み、陛下を取り巻く名声が引き立て役となり、度を超えた奢侈には映らなかった。ただそれでもこの点は考慮し注目に値すると思われた。もしかすると私は、君主の逸脱した振る舞いだけでは説明で

＊ポンパドゥール夫人
（一七二一～一七六四年）。フランス王ルイ一五世の公妾。政治的介入を行い、思想家・芸術家との親交を深めた。

＊マントノン侯爵夫人
（一六三五～一七一九年）。フランス王ルイ一四世の妻。王妃ではない。

＊デュ・バリー夫人
（一七四三～一七九三年）。フランス王ルイ一五世の公妾。ルイ一六世に嫁いだマリー・アントワネットと対立した。

きない、別の不可解な世界の気配を感じたのかもしれない。

徐々に、陛下も人間生活のあらゆる苦労に耐え、苦痛もお持ちなのだと知ることになり安心した。例えば陛下は歯科医を恐れており、口に触れられただけでびくっと後ずさりするほどで、歯科医が診療に来る日は、周囲の者は陛下の不機嫌に悩まされることになった。陛下の歯痛については、厨房にいる私たちが最もよく知るところであった。料理は全て、とりわけ肉はごく柔らかく調理し、細かく刻んだもの、オムレット、ピュレなどが多く、調理時間もそれらに合わせて調整した。クルスタード[*]や、ローストビーフ、ステーキといった英国風の焼いた肉料理を王の食卓に出すのは御法度であった。のちによく受けたのは、王が美食家であったかという質問だ。疑いなく陛下は美味しいものをたっぷりとお召し上がりになったし、やむを得ず給仕が予定より遅れたときなどはご立腹され、品質を見分ける鋭い感覚をお持ちでもあった。だが正餐においては、その枠組みが調理そのものより重要な役割を担っており、この枠組みに合わせて、食事をしばしば数日間、夜通し絶え間ない作業を経て組み立て仕上げなければならないこともあった。選ばれた料理の他、大きく芸術的な造作を凝らした陳列

＊クルスタード
パイ生地、タルト生地、パン、マッシュポテト、米などで器の形を作って焼いたり揚げたりしたもの。中に詰め物をし、前菜などに使われる。

用のコールドプレートも用意しなくてはならなかった。白土の台座にはイセエビやロブスターが盛られ、[*]トラガントゴムで作った寓喩的人物像の周りにイノシシのパテのアスピック〔ブイヨンのゼリー寄せ〕やフォアグラのパルフェが寄せ集められ、炒りアーモンドを詰めた大理石模様が施された[*]豊穣の角を、プティフールや緑に輝くピスタチオのデザートが取り囲んでいた。

　レジデンツでの宮中晩餐会ではあるとき、王と来賓に特別なプレゼントが用意されていた。王が荘厳な白鳥とともにこよなく愛した神々しい孔雀が、お披露目用に選ばれた。王の各城にある、数百もの異なる形の孔雀を象った芸術品の数々——横たわったもの、立ったもの、飛ぶ姿のもの、座っているもの、高価なゴブラン織りで表現されたもの、暖炉の装飾の小さなミニチュア、宝石の目を埋め込み、金色に染まった羽根をつけ大理石の台座に鎮座した実物大の置物——を見たことがある者なら、それらを忘れることは決してないだろう。

　しかし私たち厨房が用意したのは本物の孔雀だ。すでにキケロの時代に、高貴な身分のローマ人がその繊細な肉を楽しんだというローマの飼育場か

＊トラガントゴム
ゲンゲ属の一種から採れる樹脂。古代から知られ、ヨーロッパでは中世から砂糖などを混ぜ様々な型でくり抜き、飾りなどを作っていた。現在は増粘剤として利用されている。

＊豊穣の角
コルヌコピアとも。古代ギリシア・ローマの、繁栄や収穫などの神のシンボル。

ら、とりわけ美しく若い孔雀が数羽取り寄せられた。この上なく見事な羽根を丁寧に取り、肉を焼く準備が整ったら、トリュフを詰めた。トリュフはごく薄く削いだベーコンとともに、上品なハーブとガチョウのレバーを少し加えて蒸してある。こうして詰め物をした孔雀はきちんと縫って腹を閉じ、数日間涼しい地下室にぶら下げ、トリュフのアロマを肉全体に染み込ませた。調理する当日トリュフを取り出し、美味なファルス*と混ぜ合わせて再度孔雀の腹に詰めた。次に孔雀をベーコンの薄切りで巻き、美しい淡褐色に焼き上げる。盛り付けはまさに芸術そのものだった。大きな銀製の器の中にまずパンの土台を固定し、その真ん中に見事に解体してまた元の姿に戻した孔雀が置かれ、その周りの空いた場所には、古代ローマの習慣にならい、きらめく頭部、首、輝く尾を差し込んだ。

孔雀の初披露の日、一二人の給仕係が王に向かって半円に並んで作品を掲げると、臨席した人々の顔から嬉しそうな驚きの声がもれた。それは太陽王にふさわしい光景だった。

*ファルス
挽いたりすり潰したりした肉や魚、野菜の詰め物。

宮廷厨房

バイエルン王室の宮廷厨房の大きな手本となった料理は――ちなみにドイツ、イギリスの料理を中心としているベルリンの王室とは逆に――フランスのガストロノミーを基礎としており、私が思うにミュンヘン・レジデンツの料理は、ナポレオン〔三世〕のお抱え料理人ベルナール*とデュボワ*、そしてあらゆる文明国にフランスの調理技術の名声を轟かせたブリア＝サヴァラン*の著作の名にふさわしいものであることは明らかだった。豊かな内容の料理、一つ一つの料理の選び方や調理法、国内外からの選りすぐりの植物や食材を含む、贅を尽くし洗練された材料、これらはルートヴィヒ二世の統治時代もバイエルン王室宮廷厨房の誇りであった。大きな宮廷の食卓には、トリュフ、本物のカメの肉、イセエビ、インドの鳥の巣*、ストラスブールのフォアグラなどが惜しみなく用意された。シャロン産の若鶏、ルアンの肥育鴨、サウスダウン種の雄羊の背肉、クールラント〔現在のラトビアの一地方〕のトナカイの背肉、パリからイセエビ、ウィッツタブ

＊ユルバン・フランソワ・デュボワ
コラムⅪ参照。

＊ジャン・アンテルム・ブリア＝サヴァラン
（一七五五～一八二六年）。フランスの美食家。法律家、政治家でもある。著作に『美味礼讃』がある。

＊インドの鳥の巣
アナツバメの数種が作る巣で広東料理では高級食材とされる。インドの鳥の巣といわれるのは、おそらく同じく燕の巣が食べられる東インド諸島（現在の東南アジア）に由来していると思われる。

ル産の牡蠣、マロッソル〔極薄塩の高級キャビア〕がたっぷり詰まったヴォルガ川のチョウザメ――これら全てに加え、琥珀色のカルヴィルリンゴや汁気のあるドワイエンヌ梨、マダム・ヴェルテ梨までが食卓に快楽を添えた。

最良の専門知識そして長年の経験はもちろん、良い結果を出すために欠かせない条件だ。実際に調理をするとき、特に冷菜やビュッフェの仕上げは、芸術的な造作が求められた。私は最初はもっぱら仕込み作業や道具類の管理の担当だった。豪華な調理器具――琺瑯（ほうろう）のものはなく――は、全て銅製で内側は亜鉛メッキが施してあり、キャセロール〔片手鍋〕、蓋、食器は使用前に清潔なトーションで再度きれいに拭き、洗うときも同じようにきれいに、きらきら輝くように洗うのは当然のことだった。見知らぬことをいくつか覚えなくてはならなかったが、というのも料理名だけでなく調理道具の多くもフランス語名が使われていたからだ。キャセロール、タンバル*、ベンマリー*、マルミット*、その他を、厨房見習い全員がすぐに覚えた。厩舎にある厨房用の貨物車はフルゴンといった。

食器の保管室はさながら博物館のようであった。大小さまざまの鍋や

*タンバル
背の高い丸い金属製のスフレ型（大小いろいろある）。またその中で作る料理。

*ベンマリー
湯煎する鍋などの道具。

*マルミット
蓋と側面の取っ手がついた、陶器製または金属製の調理用の容器・器具。

キャセロール、数え切れないほどのプディングやジュレ、菓子などの抜き型や焼き型が保管されていた。今日のような蒸気ボイラーは当時まだなく、生地をこねたり卵などを泡立てたりする動力もなかった。全て筋力だけでやるしかなく、卵を三〇~四〇個も泡立てる作業は、肉体には苦しみ以外の何物でもなかった。棒砂糖*も大理石の乳鉢で潰し、三段式のふるいで粗いものから細かいものをふるい分けた。これも長らく私の役目で、肉や鳥を鉄の螺旋階段で厨房とつながった「ガルド・マンジェ」、つまり生鮮品貯蔵室へ運び入れるのも私の担当だった。大きな祝宴が予定され夜通し準備が必要なときは、仕事のない夜でも私はこうした作業をして過ごした。イセエビ、ロブスターやライン川のサケのマヨネーズ和えを盛り付けた大きな陳列皿が食卓に運ばれるまで。

＊棒砂糖
一九~二〇世紀初頭にかけて一般的に流通していた砂糖。やや先が細くなった棒状の型に入れて固めていたことからこう呼ばれた。

DINER

de Sa Majesté le Roi.

Tegelberg le 19. août 1885

Naifs ! Consommé aux quenelles de jambon

Saumon en coquilles

Boeuf aux champignons farcis

Haricots verts au fricandeau

Sorbet [illegible]

Chevreuil rôti

[illegible] et compote

Glace: à l'orange

◎著者直筆のメニュー。フランス語で書かれている。

国王陛下の正餐

担当：ネスル　1885年8月19日、テーゲルベルクにて
クネルと生ハムのコンソメ、サーモンのコキーユ（貝殻に入れたグラタン）、
ビーフ　詰め物入りマッシュルーム、インゲン豆とフリカンドー、
クルマバソウのソルベ、子兎のロースト、
シュマレンとコンポート、アイスクリーム：オレンジ

コラム……Ⅱ

宮廷厨房で使われた食材たち

◆カメの肉

回顧録中でヒアナイスがあげている「カメの肉」とは、おそらくウミガメのことであろう。ウミガメのスープは一八世紀にイギリスで生まれ、その後ヨーロッパ中でもてはやされるようになる。ルートヴィヒ二世在位当時のドイツでも美味として珍重されていた。ウミガメの肉やスープの缶詰も売られるようになり、イギリスのC・A・ペインターなる商人がバイエルン王国へウミガメのスープ(Turtle Soup)を納品していたともある。「本物の」とあるのは、ウミガメの代用品としてリクガメを養殖したり子牛肉を使うことがあったことが背景にある。ウミガメは高級品であったためこうした代用品が生まれたが、ウミガメもどきのスープ(Mock Turtle Soup)は広く普及し、一般家庭向けの料理本にもレシピが登場した。

テリーヌの器

本物のウミガメを使ったスープの作り方は、ルートヴィヒ二世とその父マクシミリアン二世の料理人を務めたヨハン・ロッテンヘーファーが自身の料理本で詳細に説明している。それによると、ウミガメの後ろ足を縛って吊るし、頭を出したところで引っ張って切り落とし、二時間ほど置いて完全に血抜きをした後、肉や内臓を切り分け、硬い肉や脚はハーブやマデイラ酒などで柔らかく煮込み、柔らかい肉だけをスープに使う。スープの作り方は次の通り。

「肉を小さく角切りにし、マデイラを少量注いで温める。カメの肉一つは、子牛肉と同じようにファルスにし、それで小さな団子を作る。同時に、卵五個を固茹でにし、黄身を濾(こ)して他の新鮮な卵三個の黄身と混ぜ合わせ、塩とナツメグを少々加え小さな丸い団子を作る。次に、新鮮なバター

四分の一ポンドを熱し、小麦粉を大さじ二、三杯加えて数分間炒め、美味なコンソメ、ビーフのジュ（煮汁）、カメのブイヨンを注ぎ混ぜ合わせる。これにマデイラ・セック半ボトルとカイエンペッパー少々を加え、アクや脂を取りながら煮て、透明なスープにする。このスープに、酸葉（すいば）のピューレを大さじ一杯加えて混ぜ合わせる。盛り付ける三〇分前に団子をじっくり茹で、カメの肉を団子と一緒にテリーヌに入れ、カメの血を少々加えて味付けした熱々のスープをかける」

◆ストラスブールのフォアグラ

古代エジプトからすでに食べられていたといわれ、古代ローマでももてはやされたフォアグラは、その後ヨーロッパ全土にその製法や嗜好が広まった。ユダヤ人がその普及に貢献している。特にフランスでフォアグラ生産が盛んになり、現在世界最大の生産地として有名だ。なかでも、ストラスブールはフランスの主要フォアグラ生産地の一つで、一七八〇年ごろこの地でフォアグラのパテが誕生したとされる。

ドイツでは一五八一年に出版されたマルクス・ルンポルトの『新料理本』に、ガチョウの肝臓を使った料理がいろいろと紹介されている。

フォアグラはガチョウと鴨から取れるが、現在は鴨の割合が多く世界の約九五パーセントを占め、ガチョウはハンガリーで主に使われている。鴨もガチョウもフォアグラを取るのに適した品種がある。

◆トナカイの背肉

トナカイが生息する北欧、北米、シベリアでは古くから家畜化され、毛皮を利用する他、食用にもされてきた。トナカイの肉は脂身が少なくタンパク質が豊富で、肉質は柔らかく、ジビエの中でも上質な肉といわれる。燻製した舌が特に珍重されるという。

ドイツ皇帝ヴィルヘルム一世の料理人ユルバン・デュボアの料理本には、トナカイのレシピは「ロシア風トナカイの舌」のみ紹介されている。トナカイの舌をベーコンや野菜と一緒にブイヨンで煮て煮汁ごと冷ました後、フィナンシエール・ソースなどを合わせるというものだ。

ヨハン・ロッテンヘーファーの料理本にはトナカイは見当たらない。同類のシカ、ノロジカ、ダマジカ、マザマについては詳細に述べられていることから、これらジビエがドイツでは一般的で豊富に捕れるため、十分にトナカイの代用となった、あるいはトナカイを輸入する必要があまりなかったのかもしれない。

◆カルヴィルリンゴ

一九世紀に広くヨーロッパで普及し高級品種とされ人気が高かったリンゴ品種。現在はあまり見られなくなった。一八三六年に出版された『果実学の体系的な順序ハンドブック　リンゴ編』によると、カルヴィル種は、「(一)果実の真ん中から萼（がく）にむかって尖った形をしており、(二)皮に芳香があり、(三)寝かせておくと外皮が油っぽくなる(四)縞模様はつかない(五)軽くほろりとした繊細な果肉を持ち、(六)イチゴあるいはラズベリーに似た味がある」と説明されている。

◆ウィッツタブルの牡蠣

ウィッツタブル(Whitestable)はイギリス、ケント州の町。沿岸地域では自然に牡蠣が生息していたことから、すでにローマ時代には牡蠣の養殖が行われていたほど長い歴史を持つ。毎年ウィッツタブル・オイスター・フェスティバルが開催されている。

◆ライン川のサケ

ローマ時代からライン川は重要な河川であり、一八世紀に入るまでヨーロッパにおいてサケが生息する最重要かつ最大の川だった。ライン川のサケはタイセイヨウサケである。サケは日常の食卓に欠かせない食糧であったが、一九世紀になると強力な占領政策が取られたため、サケ資源増量のための多国間協定が結ばれた。一九世紀当時、ライン川のサケはロシアやスカンジナビアのものと並び称されるほど美味とされ、燻製やマリネなどにして食されていた。そのためルートヴィヒ二世も美味しいライン川のサケを堪能できた。

(森本智子)

ヴィッテルスバッハ家王宮の厨房（ロッテンヘーファーの料理本より）

オルゴール

小さな日記から一部引用する。毎年五月にそうしていたように、今年（一八八五年だった）もまた、ミュンヘンのレジデンツからシュタルンベルク湖*のほとりのベルク城へ本営が移された。真夜中に豪華な特別列車が陛下のために用意され、予定時刻通りにバイエリシェ・オーバーラント*へ向かった。移動中、私には正餐を仕上げる役目があった。陛下が落ち着いて食事ができるよう、食事の時間帯、列車はゆっくり走ることになっていた。列車のスピードを落とすのはかなり例外で、馬車やソリでもそうだったが、列車に乗る時も速ければ速いのを陛下は好まれた。特別列車もまた、宮廷の室内のしつらえ同様に極めて贅沢な装飾が施されていた。陛下がお好きな青と金を中心に、食堂車やサロン車は絹の飾りが豊富にあしらわれ、象嵌細工（ぞうがんさいく）のテーブルや金の刺繍を施した肘掛け椅子、金の額縁に収められた鏡が備え付けられていた。客車や陛下専用の食堂車もあった。ペルシャのシャー*〔王〕が陛下をご訪問されたとき、陛下はシャーのためこの列車を

＊シュタルンベルク湖
ミュンヘンから二五キロメートル南にある細長い湖。現在このあたりは高級住宅地として知られる。一九六二年まではヴュルム湖と言った。

＊バイエリシェ・オーバーラント
バイエルン州にあるアルプス山脈東北部の地域。

＊ペルシャのシャー
（一八三一～一八九六年）。ナーセロッディーン・シャー。

キームゼー城まで走らせるよう手配された。シャーは列車の絢爛豪華さに大変心を奪われ、王の死後この列車を買い取った。キームゼー城も深い感銘を与えたようだが、シャーの数日間の滞在後、全ての広間や回廊は隅々まできれいに掃除をしなくてはならず、寝室の金刺繍の重いカーテンは鼻をかむのに使われた痕跡が何箇所もあった。

その年一八八五年、陛下のシュタルンベルク湖での滞在は短かった。五月一一日にご到着され、一三日にはまたミュンヘンへお帰りになった。王*立劇場での単独公演をご覧になるためで、陛下たったお一人のために上演されたものだった。このときの演目はインドのおとぎ話『ウ*ルヴァシー』だった。休憩時間にタルティーヌ〔オープンサンド〕が用意され、私が陛下の桟敷席にお持ちするよう仰せつかった。

厨房から王立劇場までは遠く、レジデンツの二階の半分をひたすら歩かなくてはならなかった。その前にいくつかの中庭を越え、ヘラクレスの間を通ってレジデンツ通りに沿った部屋の数々、さらにマックス・ヨーゼフ広場そばのマックス国王〔マクシミリアン二世〕および王母の部屋を通るのだ。

＊王立劇場
一八一八年に完成したバイエルン国立歌劇場のこと。レジデンツの隣にあり、オペラ・オーケストラ・バレエが上演される。

＊ウルヴァシー
インドの詩人、劇作家カーリダーサの戯曲『ヴィクラモールヴァシーヤ』。水の精ウルヴァシーとプルーラヴァス王の恋物語。

連なる部屋はどこも灯りがついていて、扉は全て開けてあり、どの部屋も恐ろしいほど静まり返っていた。見渡す限り物音、人影の一つもなかった。初めて見るマックス国王の音楽室でグランドピアノの蓋を開けてみると――私は好奇心が旺盛だった――罰を受けるに違いないと恐ろしさに驚愕した。なんと鍵盤の上に美しい女性の手が置かれていたのだ。それは白い蝋で作られたものだった。生前は誰に向かって振られた手だったのだろうか。上を見上げると、台座の上に曲線模様を施したマホガニー材の見事なオルゴールがあった。これもまた私にはとても印象深かったが、行かなくてはならないので先へ急いだ。次に通ったのはそれまで何度も聞いたことがある「黒の間」だった。高い天井と壁は濃色の木材で上張りされ、金色に塗った桟、紋章やそれにまつわる記号、四方の壁沿いにずらりと飾られたハルバード〔槍斧〕だけが薄暗さを遮っていた。照明も、通ってきた部屋のものとは違い、少しも節約されていなかった。扉は閉まっており、静かに開けてみると、二人の近衛兵にぶつかった。二人は驚いて身構えた。出くわしたのが幽霊でなく白衣を着た厨房の見習いだと気づくと、明らかにほっとした様子だった。そして私を、当時レジデンツと王立劇場を結んでいた小さな温室庭園へ案内してくれた。レジデンツ劇場を通り過ぎ、ようやく陛下の桟敷席の控えの間に着いた。すばやく役目を果たし、来た道を戻るだけとなったが、もう一度音楽室のオルゴールを見てみた。オペラ《マルタ》[*]、《ユグノー教徒》[*]、《悪魔の分け前》[*]の曲を奏でることが読み取れた。静けさの中でオルゴールを鳴らしてみたくてたまらなかったが、もちろん回す勇気などない。陛下が突然お戻りになるかもしれない。それに夜はベルク城へ戻るので、その前にすることがたくさんあった。臨時列車の中でまた私が陛下の晩餐の支度をするよう指示されていたのだ。自らの疲れを考える余裕はなかった。絶えず居場所が変わるため、寝不足を解消する時間など日中はほとんど取れなかった。そのため列車の中だけでなく、馬車でもソリでも、少しの時間が取れれば寝るようにしていた。しかし、夜通し起きている長い時間はしばしば、特に冬は永遠のようだった。思い出すのは、ノイシュヴァンシュタイン城で夜中の三時と四時の間、よく厨房前のテラスに出て眠気を覚まそうとしたことだ。狐がペラト川峡谷の急斜面を、ゴミを探して静かに登っていくのを何度も見た。だがいつまでも外にいるわけにはいかず、暖かい厨房に戻って眠ってしまわないよう読書

＊《マルタ》
正式名《マルタまたはリッチモンドの市場》。フリードリヒ・フォン・フロトー作曲。一八四七年初演。

＊《ユグノー教徒》
ジャコモ・マイアベーア作曲。一八三六年初演。

＊《悪魔の分け前》
ダニエル＝フランソワ＝エスプリ・オベール作曲のオペラ。一八四三年初演。

をした。うとうとすることは許されない、いつ何時ベルが鳴って陛下の指示が来るかも分からない。そうしたらすぐにパンに具をのせたり、ハムのオムレツを焼いたりしなくてはならない。晩餐の時間も指示があって初めて分かる。このように、夏も冬も夜の時間は過ぎていき、晩餐が朝の六時ないし七時になり、その後出発の予定がなければ数時間横になることができたのだった。

いつのことだったか記憶がおぼろげだが――ミュンヘンのレジデンツか城のどれかか、山小屋であったか――マックス国王の音楽室にあったオルゴールのことをいつしか思い出していた。あのオルゴールさえあれば、繰り返し襲ってくる眠気を追い払い、長い夜が短く感じられるだろう。時機をみはからって私は自分の思いつきを実行することにし、オデオン広場*の店でとても立派なオルゴールを四〇金マルク*で購入した。買った甲斐は十分にあった。《ヴェニスの謝肉祭》*や古い民謡《神のみ旨によって》*といったメロディが幾夜も私を楽しませてくれた。この曲を特に私は愛し、憂愁の曲の流れに身をゆだねた。

ある夜、ちょうどまたオルゴールをセットして気持ちよく腰を下ろした

＊オデオン広場
ミュンヘンの中心部にある広場で、ルートヴィヒ一世の命により造られた。名前は広場に面したオデオン劇場にちなむ。

＊金マルク
正式にはマルク（Mark）。ドイツ帝国で使われた通貨。金マルクは、一九一四年以降流通した紙幣「紙マルク」と区別するために使われるようになった。

ところに、近侍のマイアーが厨房に飛び込んでくると同時に私を怒鳴りつけた。そんな大きな音で音楽を鳴らすとは何事だ、というのだ。陛下が歌手の間へ行くために塔の螺旋階段を上がられようとしたのに、厨房から五階の高さにそびえ立つ塔がまるで拡声器のようだと。

言うまでもなく仰天した私はすぐにオルゴールを止めた。これでもうオルゴールを楽しむことはできなくなるかもしれないと心配になった。

だがそうはならなかった。マイアーが厨房を出ていくのとほぼ入れ違いで別の近侍が現れたかと思うと、オルゴールをすぐにまた鳴らせとの命令を伝えてきた。陛下が塔をお上がりになるのに伴われる美しい音色をお喜びだという。また陛下は、このオルゴールを所有している音楽好きな厨房見習いの名をお尋ねになったそうだ。

＊《ヴェニスの謝肉祭》
一八二九年ニコロ・パガニーニにより作曲されたヴァイオリン用の変奏曲。

＊《神のみ旨によって》
一八二六年以前にエルンスト・フォン・フォイヒタースレーベンにより書かれた詩に、一八三九年フェリックス・メンデルスゾーン・バルトルディが作曲した。

山への小旅行

陛下が遠出をされるとき、それは我々がリュックサックを背負って山を登るのとは異なる様相を呈する。数日前から通る道や橋などを整備しなくてはならないのだ。これは管轄地域の林務局が担当だった。狩猟小屋をきれいにし、ベッドの埃を叩き、小屋の前には砂利を敷くか、雪をかき分けておくなど、陛下のような要求の高い客人を迎えるためにあらゆる準備をしなくてはならない。

宮廷厨房にとって、こうした山への遠足には常に高度の要求が伴われた。狩猟小屋での陛下の宿泊は簡単かつ粗野なことが多かったが、食事については陛下は城で召し上がるのと同じような内容をご所望になったのだ！できるだけ豊富な種類の料理を用意し、それらを丁寧に調理することが宮廷厨房には当然のごとく求められた。国内で最も高位の方のご機嫌を損ねようなどと誰が思うだろう。このような例外的な状況でも、スープのあとに前菜、例えばパイ包み、貝のグラタンや類似したもの、そして牛肉の煮

込みに新鮮な野菜を添えたもの、これは陛下が毎日ご希望された一品で、次にラムの肋肉に栗のピュレを添えたもの、チキンのフリカッセ*、季節によってジビエや鳥の焼いたもの、温かい甘味としてドゥカーテンヌーデル*にザリガニバター添え、ラームシュトゥルーデル*またはフルーツを添えたサヴァラン、そしてアイス、果物、デセールにモカと続く。肉の焼き物の前に飲み物をお出しする。ソルベまたはクルマバソウのパンチ、ローマ風*アイスパンチ、あるいは別の、そのときのメニューに合うものが出された。

狩猟小屋の粗野な調理設備では、このような要求を満たすのは容易いことではなかった。さらに運搬人たちの賄いも考慮しなくてはならなかった。陛下が好きな山に少し立ち寄るだけでも、食糧や調理器具、テーブルクロス、ダマスク織りのナプキン、もちろん食器一揃いも含め多くの荷物を運ばなくてはならなかったため、運搬人は不可欠だった。

一八八五年五月一四日、ベルク城を出発し、森の多い山々の間を流れるイーザル川沿いにある、当時は人の少ない渓谷だったフォーダーリスへ向かった。そこにある林務官の家を陛下のご訪問用に空けさせ、林務官一家

＊フリカッセ
ブイヨンで煮込み生クリームで仕上げるシチューに似た料理。

＊ドゥカーテンヌーデル
発酵生地を小さく丸めたものをくっつけて型に入れて焼いた菓子。中にジャムを詰めたものもある。中世ヨーロッパに流通したドゥカーテン金貨が名前の由来。

＊ラームシュトゥルーデル
シュトゥルーデルは一七世紀にハプスブルク帝国で生まれた菓子。昔は生地を渦巻き（シュトゥルーデル）状に巻いていたが、現在では生地をごく薄く伸ばし、フィリングを巻き込んで焼く。ラームはクリームのことで、サワークリーム、生クリームなどを巻いたりかけたりするシュトゥルーデルを指す。

＊ローマ風アイスパンチ
レモン、オレンジの汁と皮、砂糖、ワイン、マラスキーノ、シャンパンを混ぜて冷やし固めたものに固く泡立てた卵白を混ぜさらに冷やして固めたもの。

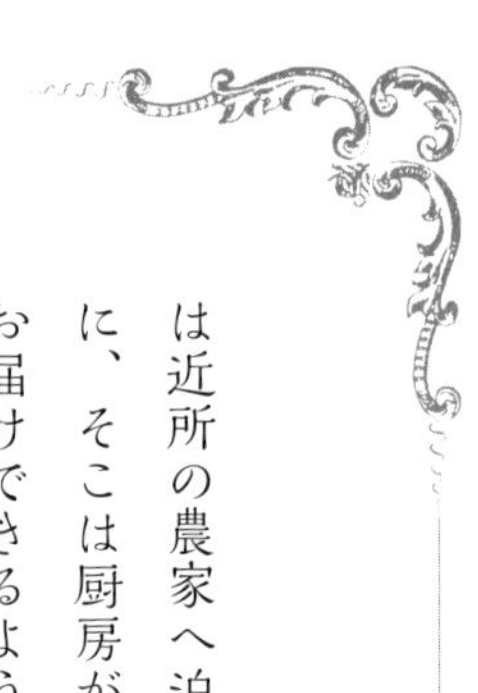

は近所の農家へ泊まり、心を込めて寝室を調えてくれた。ただ困ったことに、そこは厨房が隣の建物にあった。そのため完璧な状態で陛下の食卓へお届けできるよう、料理は熱い鐘型の覆いを被せ、温めた布でくるんで母屋へ運ばなくてはならなかった。

陛下はご満足され、苦情もなく、一日後には出発してヴァルヒェン湖のほとりの素晴らしく樹木で覆われた山の頂上、ホーホコプフへ向かったのだった。

ホーホコプフには、木々でうまく隠された狩猟小屋がいくつかあるが、これは狩猟好きだったルートヴィヒ二世の父マックス国王が自分の楽しみのために造らせたものだった。その趣味が息子に受け継がれることはなかった。父王の狩猟小屋の多くは、自然の中や山の上にあり、静寂を極めた孤独へ逃避するときのちょうどよい休憩所になった。そこで陛下は国政やその他煩わしい君主としての義務に邪魔されることなく、好きなことに情熱を傾け、魔法の城の設計図を描いたり、豪華な装飾の勉強をして夜を過ごすことができた。

ホーホコプフの狩猟小屋には、三つの簡素な部屋があり、父マックス国王のときそのままに残されていた。限られたものだけでそれなりに住み心地よくしつらえてあり、床には灰色のジュートのような毛織物の絨毯（じゅうたん）が敷かれ、壁には狩猟の銅版画や家族の写真が飾られていた。寝室には丸いテーブルと石油ランプ、部屋の隅にはタイル張りの暖炉、反対側の隅には木製の寝台と椅子が二脚、木彫りのキリスト十字架像……リンダーホーフ城やヘレンキームゼー城と比べると正に貧相なものだった。

自然だけが素晴らしく、極めて生き生きとしていた。小さなフクロウが群がっているらしく、ヒナの鳴き声が夜通し耳を離れず、登っていくと動物に出くわす。驚いた鳥の鳴き声が運搬人の列の到着を告げる。荷物いっぱいの籠を背負った二〇人ほどの屈強な男たちがまず現れ、次にビールや重い食器を積んだロバが引く荷車、最後に全体の監督役のツァンダースが続いた。ツァンダースは旅先で執事の任務、つまり陛下の日々の用事やご要望を満たしながら規則正しい日課を専門的に監督するのだった。ツァンダースの後ろにはしんがりのお抱え料理人と私が、ツァンダース同様、王室の厩舎が登山用に手配してくれたポニーの上で体を支えながら続いた。山頂に着くとすぐに料理のプランが立てられた。運搬人が近くの泉から水を汲んでくるよう言いつかる——料理用だけでなく、到着すると熱いお風呂を希望する陛下のためにも水が大量に必要だった——一人は隣のアルム〔山上の牧草地〕へ新鮮な牛乳とクリームをもらいに、他の者は、持ってきた食糧を保存し、飲み物を冷やし、氷菓を作るための氷か雪を運んでこなくてはならなかった。

そしてすぐに調理が始まった。陛下がいつ何時いらして食事の支度をご命令されるか分からない。ここには三日間の滞在をご希望だったが、そこに近侍のマイアーが嘆きながら厨房に入ってくると、陛下について愚痴をこぼした。

「今日も陛下はお食事の時間がないとおっしゃる、読書と勉強でいっぱいなのだそうだ」

山の上のほうが、城の中で金をふんだんに使ったカーテンや鏡に囲まれているよりも、陛下の居心地が良いのではないかと思えた。早朝に仕事が終わると、陛下は頂上付近を散歩され晩餐の前にお戻りになった。六時〜七時の間に就寝された。

陛下が最も好んだ行き先はシャッヘンだった。ヴェターシュタイン山脈

の副峰の一つに陛下の城があった。マイラー小屋が見える立派な山小屋で、そこから急斜面の石だらけの道がドライトーアシュピッツェまで続いている。この小屋の向かいにそそり立つシャッヘンプラッテンの巨大な岩壁は、やまびこやヨーデルを何度もこだまさせる理想的な共鳴場所だった！　細い道を数百メートル登ると、いわゆる悪魔の腰掛け（トイフェルスグザース）のものすごい深みが素晴らしく見下ろせる。そこにある東屋の小さな屋根の下はいかにも座りたくなるようで、底深くには青い池（ブラウエ・グンペ）に素早く流れ落ちていく湧き水が音を立てている。ブラウエ・グンペは絶えず流れる雪解け水をたたえる貯水池だ。

　シャッヘンの上の御用邸には趣味の良いトルコの間*があり、中近東の絨毯が敷かれ、その周りには金箔のベンチが並べられている。大理石の水槽からは細い線を描いて噴水が湧き出ていて、水タバコのパイプが涅槃へといざなう。城の下には農舎と厩舎があったが、これは、陛下が小さな二輪の山用馬車をポニーに引かせて山を走るためだった。シャッヘンでは陛下お気に入りの黒馬のラルフが馬車の後について歩き、ご主人様から砂糖をもらったりしていた。「黒の閣下のほうが赤よりもずっとよい」と陛下は言っていたが、これは私たちも知る、ある位の高い宮内官*のことを指して

＊トルコの間
コラムⅢ参照。

＊ある位の高い宮内官
厩舎長ホルンシュタイン伯爵（一八三五〜一八九五年）を指す。

いた。

毎年八月二三日に、陛下はシャッヘンでご自身の聖名祝日と誕生日*を迎えられ、通常八日間滞在された。お祝いのため、城の周りを小さな色付きグラスにろうそくを入れたもので囲み、陛下が近づくと火が付けられた。明るく輝くランタンを持った先頭の御者の姿が見えても、城までの蛇行する道はまだまだ長く、その間にろうそくを付けるには十分だった。そして大きな花火も陛下のご到着を迎えた。一度、陛下のご到着が朝の五時になったことがあった。そのため花火は夜空の中を飛ぶ代わりに、明るい日のもとで上げられることになったのは滑稽だった。しかしご命令は絶対なのだ！

＊聖名祝日と誕生日
八月二五日の聖王ルイの記念日と王自身の誕生日。キリスト教では各聖人に記念日が割り当てられており、自身の洗礼名の聖人の記念日を誕生日と同じように祝う。

◎シャッヘンの山小屋

コラム…… III

シャッヘン山のトルコ風宮殿の食卓

アルプスの山をハイキングするのが好きだったルートヴィヒ二世は、一八七二年にガルミッシュ・パルテンキルヒェンの南のシャッヘン山に山荘風の御用邸を建てさせた。現在、この御用邸は六月初めから一〇月初めまで見学可能であるが、ガルミッシュ・パルテンキルヒェンのオリンピックスタジアムから約九キロメートルの山道を五時間かけて歩かねばならない。標高約一八七〇メートルの地点に御用邸があり、すぐその近くにシャッヘンハウスという名の山小屋風宿泊施設が存在する。それにしてもこの山道をルートヴィヒ二世お抱えの料理人と運搬人が重い荷物を持って歩いたのである。ヒアナイスの回顧録によれば、二〇人ほどの屈強な男たちとロバがビールや重い食器を運んだというから、その苦労を想像するだけで汗が吹き出しそうである。

御用邸は見た目は立派な山荘で、一階部分は松の板を張り巡らした「スイス風」の内装である。カーテンやカーペットはバイエルンの旗の色、青と白を基調色とし、アルプスの青い空と雲、山岳風景によく馴染んでいる。しかしこの山荘の二階に上がるとアッと驚く。アルプスの山奥なのに、トルコの宮殿のようなきらびやかな部屋なのである。イスタンブールの宮殿をモデルに造られた部屋には、孔雀の羽飾りの扇が掲げられ、モザイクの窓ガラスからはカラフルな光が差し込み、中央には噴水が設置されている。コーベル夫人の回想録によれば、この部屋でルートヴィヒ二世はトルコの民族衣装を着て、トルココーヒーを飲んだようである。その際、幻想的雰囲気を引き立てるために、香炉で煙が焚かれ、召使にムスリム風の服を着せたそうである。まるで『千夜一夜物語』の一場面のようである。

それにしてもなぜトルコ風なのか？　オリエント趣味自体は一九世紀ヨーロッパの流行で、ルートヴィヒ二世自身は一八六七年のパリ万博でその建築物に直に接しており、お土産として後に購入したのが現在リンダーホーフ内にあるムーア人の東屋なのである。それを自分で一から

造ってみたいと考えて造ったのがこのシャッヘンのトルコの間なのだ。しかし何のために？　ヒアナイスが書いているように、「国政やその他煩わしい君主としての義務」から「静寂を極めた孤独へ逃避するときのちょうどよい休憩所」として作られたことは疑いない。そしてそのモチーフが、一九世紀ヨーロッパで「楽園」の幻想があったオリエントなのである。その幻想を視覚化しているのが御用邸一階の壁画で、トロピカルな植物に囲まれたムガール帝国の宮殿が幻想的に描かれている。そこに居もしない白鳥が描かれていることが暗示しているように、全ては逃避のためのファンタジーなのである。

御用邸の窓から雄大な山岳風景を眺めながら、ルートヴィヒ二世は山の上では考えられない豪華な食事をとった。それも貝のグラタンで始まり、フルーツアイスで終わるようなフルコースである。そして食後のコーヒーは、遠いイスタンブールの宮殿の雰囲気の中で飲んだ。

王の希望に振り回される従者の苦労が偲ばれるが、とてつもない贅沢、娯楽であることは疑いない。

そして同じような体験を、リンダーホーフ内に置かれているムーア人の東屋や、後述するモロッコ風の家でもルートヴィヒ二世は味わった。モロッコ風の家も移築前はオーストリア国境に近い山間に置かれていた。なぜアルプスの山奥で、全く異なるオリエントのトロピカルな雰囲気を味わいたかったのか、という疑問が再び頭をもたげてくる。現代日本人には理解しがたいが、アルプスとオリエントが、幻想という共通項で王の頭の中では交差していた、と考えるしかない。

（ドイツ観光局：大畑悟）

トルコの間

(Königshaus am Schachen, Türkischer Saal, Gesamtkunstwerk des Historismus im 19. Jahrhundert)

リンダーホーフ城

漆黒の闇夜だった。だがリンダーホーフ城は明るく照らされ、王を迎えるため全ての窓から外の暗闇に向かって光が放たれている。遠くまで照らすランタンを持った先頭の騎手の姿が見えると、その後ろには、パレード用の制服に身を包んだ軽騎兵と、ロココ式の四頭立て儀装馬車の中に陛下がいらっしゃる。

ところが厨房の我々はおとぎ話の気分に浸っている場合ではない。すぐにでも陛下から正餐の用意を命じられるかもしれない。慌ただしさや急な対応が増え、厨房では前もって適切な準備をすることがさらに難しくなった。陛下のご出発やご到着の時間が全く分からなかったためだ。最終的な対応や準備は、遠くに先頭騎手の姿が見えてからやっとできるという具合だった。このときは特に急いでいたため私は十分な用心ができず、陛下が城に入られたとき、私はまだ入り口のホールをうろうろしていた。陛下に見られずに下がるチャンスはもうなかった。代わりにくぼんだ隙間に身を

隠した。陛下が荘厳なご自身の城に着いてお喜びの様子が見えた。もちろん一人きりだと信じて疑わなかった陛下が、大理石の柱を抱き、帽子を脱いで尊厳な身振りで部屋を迎え、理想とするルイ一四世の騎馬像にご挨拶したのを見た。

もし見つかっていたら、もう一日とて宮廷厨房で働くことはできないであろうことはよく分かっていた。隅っこに立って震えながらも、陛下の感情を直に目の当たりにし圧倒されてしまった。

城の後方、立派な敷地の真ん中にあるなだらかな山腹には、有名な「青の洞窟*」が隠れていた。

洞窟に入る大きな岩の門が軽々と開くのを初めて見たとき、そして視界がひらけてロマンチックな色彩の輝き、人の背丈ほどもあるクリスタルと小さな湖が鏡のように反射する様、ヴェーヌスベルクのタンホイザーの饗宴*を目にしたときの、私の感嘆ぶりは相当なものであった。陛下が青の洞窟で食事をしたいとご所望される度にバタバタと落ち着かなかったため、このときの印象は徐々に薄れていったが。料理をちょうどよいタイミング

*青の洞窟
コラムⅣ参照。

*タンホイザーの饗宴
リヒャルト・ヴァーグナー作曲のオペラ《タンホイザー》の一場面。正式名は《タンホイザーとヴァルトブルクの歌合戦》。一八四五年に初演。

で一部を完全に調理し、一部は火が通る一歩手前の段階で火からおろし、大きく平たい特製の籠に入れてきちんと包み、洞窟まで運ぶのだけでも十分苦労した。陛下のご希望はいつも正餐の直前に知らされるのだ。さらに、

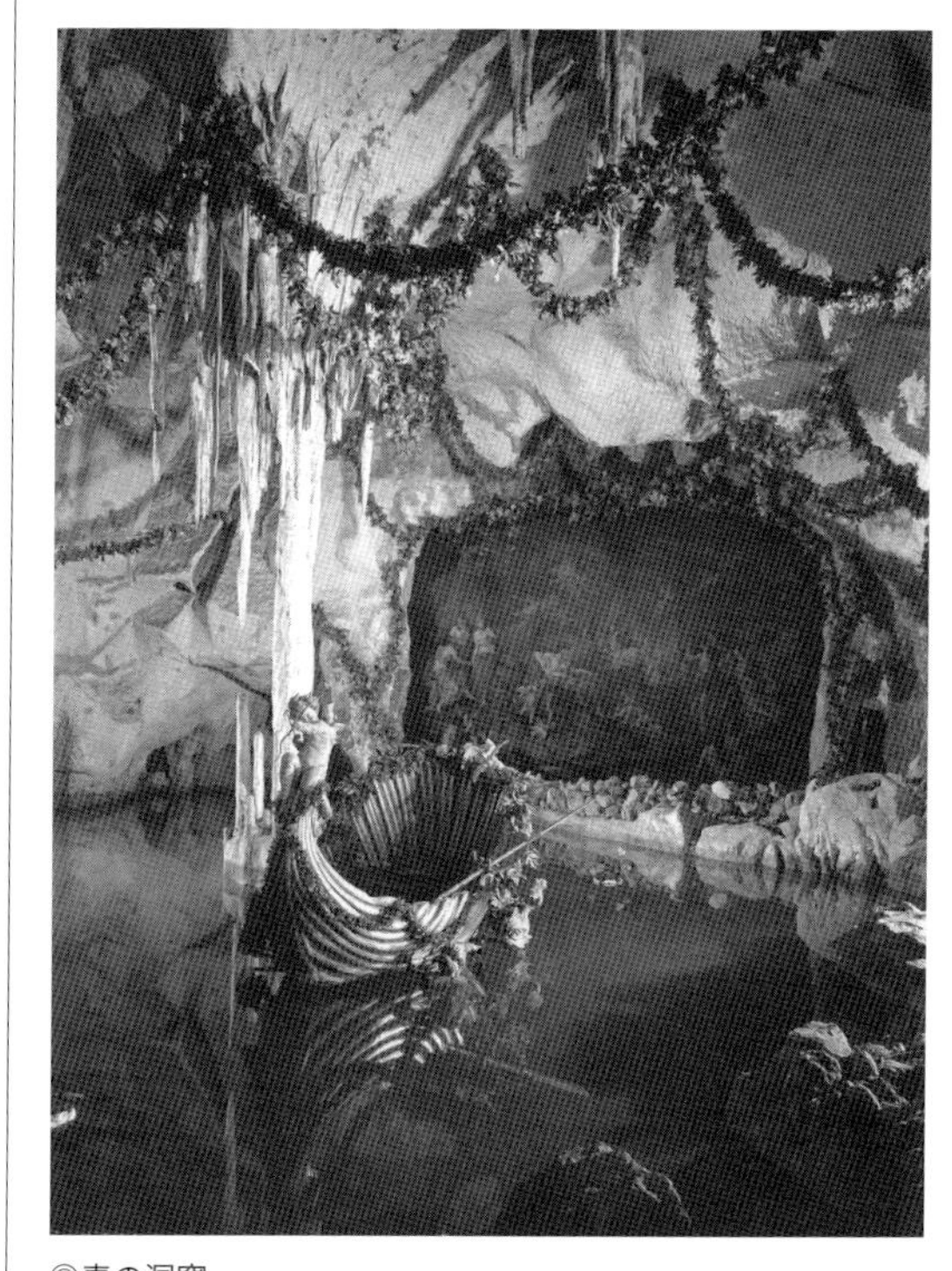

◎青の洞窟

(Schloss Linderhof, Venusgrotte mit Muschelkahn und Gemälde der Venusszene des Tannhäuser von A. Heckel, 1876/1877)

正餐や料理のいくつかは場所に合わせて調整する必要があり、仕上げと金の器への盛り付けとなると、ここには小さな部屋と小さなコンロしかないため特に難しかった。このときはさらに厄介なことに、焼きリンゴもお出ししなくてはならなかったのだが、調理時間が少なすぎた。だが陛下に不可能は通用しない、ご命令には異議を唱えず従わなければならないのだ。

絶え間ない居場所の変更、食事の時間の不確定さ、狩猟小屋の設備の簡素さ、そして常に灯りを必要とする夜の作業のおかげで、私たちがほぼ克服不可能な課題を強いられていることを、陛下は明らかに理解されていなかった。食べ物は陛下にとって、必要ではあるが知的労働を中断させる不愉快なものであったのだろう。陛下は料理を褒めることも難癖をつけることもなかった。

陛下の聖名祝日や誕生日のような祝日や降誕祭〔クリスマス〕には、陛下から贈り物をいただく人の数が特に多く、陛下の恩恵は贅沢な贈り物の数々に表れていた。しかし厨房には何一つそうした恩恵が与えられたことはなかった。現金賞与も表彰状、記念品も何も。

それでも厨房の我々は、お抱え料理人から掃除婦まで、陛下を何よりも敬愛していた。陛下から通常の献立表にはめったに登場しない料理の特別注文が入れば喜んでご用意しただろう。とりわけ美味なロブスターマヨネーズ、子牛の頭肉のウミガメ風をトリュフの薄切りやマッシュルーム、ゆで卵のスライス、フルロン〔小さい三日月型に焼いたパイ生地〕で飾ったもの、あるいは上品なシギのパテにカンバーランドソース*を添えたもの、オムレット・シュルプリーズ*もしくはオムレット・スフレ！　ちょうどこのデザートで困った経験をしたことがあった。陛下の御前に時間通りに出すことができなかったのだ。この素晴らしい料理の厄介なところを知る人なら驚きはしないだろう。キャラメリゼして素晴らしく輝いた状態で陛下の目前にお出しすると、陛下はちょうど立ち上がられたところで、退けるお言葉を発せられた。「待つのは嫌だ！」

焼きリンゴはこの時なかなかうまくいった。陛下は考え事に耽っておられ、いつもより長い時間をかけてお食事をされた。正餐を片付けた後、陛下が湖で金色の貝殻型のボートに乗り、漕がせているのを私は密かに見ることができた。その様子は不気味だった。ものすごい胸苦しさを覚えたこ

＊カンバーランドソース
カシスのジュレ、ポートワイン、スパイスオレンジジュースなどで作るソース。名前はイギリスのカンバーランド公に由来する。

＊オムレット・シュルプリーズ
別名ベイクド・アラスカ。アイスクリームをスポンジケーキで包み、メレンゲで覆って焼き目を付けたもの。

とを未だに思い出す。陛下は本当にご病気なのだという考えは起こらなかったものの、陛下の空想が正常な域にあるのかどうか疑わしくなった。そしてこのような不安には常に新しい材料がつきものだった。それと同時に、子供の私はこの見慣れない不思議な色とりどりの世界を、喜びを覚えながら驚嘆し賛美した。これらを垣間見ることができたことが嬉しかった。

正餐が終わると食器類は全てまた城のある谷へ下ろしたが、私たちの背後で岩門が閉まると月が城までの道を照らし、遠くに見える山々の頂を、消えかかる霧が妖しく包みこむのが見えた。エッタールへ続く道には先へ急ぐ先頭騎手のランタンが光るのが見えるだけだった。夜間の走行にもういくつかのろうそくがあった。そして幽霊のような姿は去っていった。

リンダーホーフ城の近く、そして離れた周辺地域には、陛下が夜を過ごすことができる場所が他にももっとあった。モロッコ風の家、シュトックヒュッテ、プラーン湖そばのカイザーブルネンである。陛下はこれらを順番に訪れた。冬は、厨房にとっては夜霧や吹雪の中を荷物を運ばなければならない骨の折れる移動を意味していた。前後に二頭の馬をつけた小さな金のソリが用意された。馬はあらん限りの力で走らされ、ソリは最大限のスピードで進んだ。道の状況が許せば、四頭立てのロココ調馬具のついた大きく豪華なソリも使われた。幽霊のように雪景色を照らし、ほぼ音も立てずに辺りを滑りゆく様子は、偶然目撃する人にとってはおとぎ話の一場面に思われたであろう。

どの滞在地にも、食事の順番や食器に独特なところが少しあった。忘れたり取り違えたりすることのないよう、詳細な記録ノートがあり、移動する度にそれらを慎重に読んで予習した。モロッコ風の家ではピラミッドパンチとスミレのパンチを交互で出すことになっていたので、パイナップルの味が際立つピラミッドパンチのほうはナツメヤシの小さなタルトを添え、スミレのパンチは、乾燥したスミレの根を数時間フランスの発泡ワインに浸けて柔らかくすると、妙に強い香りが広がったが、これにはスミレの花の砂糖漬けをのせたプティ・フールを合わせた。

そしてフンディング小屋といえば、中には巨大なユグドラシル*が屋根を突き破って伸びており、ジークムント*の剣ノートゥングが突き刺さり、暖炉で薪が燃える火がゆらめき、石の床を熊の毛皮が覆っていた。陛下は簡

*ユグドラシル
北欧神話に登場する架空の木。世界樹。ヴァーグナーのオペラ《ニーベルングの指環》にも登場する。

素な木製のテーブルで食事をされた。蜂蜜酒が入った角(つの)、銀製の鹿やノロジカの器にはモカに入れるクリームが入り、小さなフクロウには塩とコショウが入っていた。ミュンヘン・レジデンツの芸術的なビュッフェに照らし合わせると、あらゆる手間を尽くしても城や狩猟小屋での献立はおのずと簡単なものにしかならず、季節ごとに入手できるものに合わせるしかなかった。だがそれでも料理は十分に作ることができた。

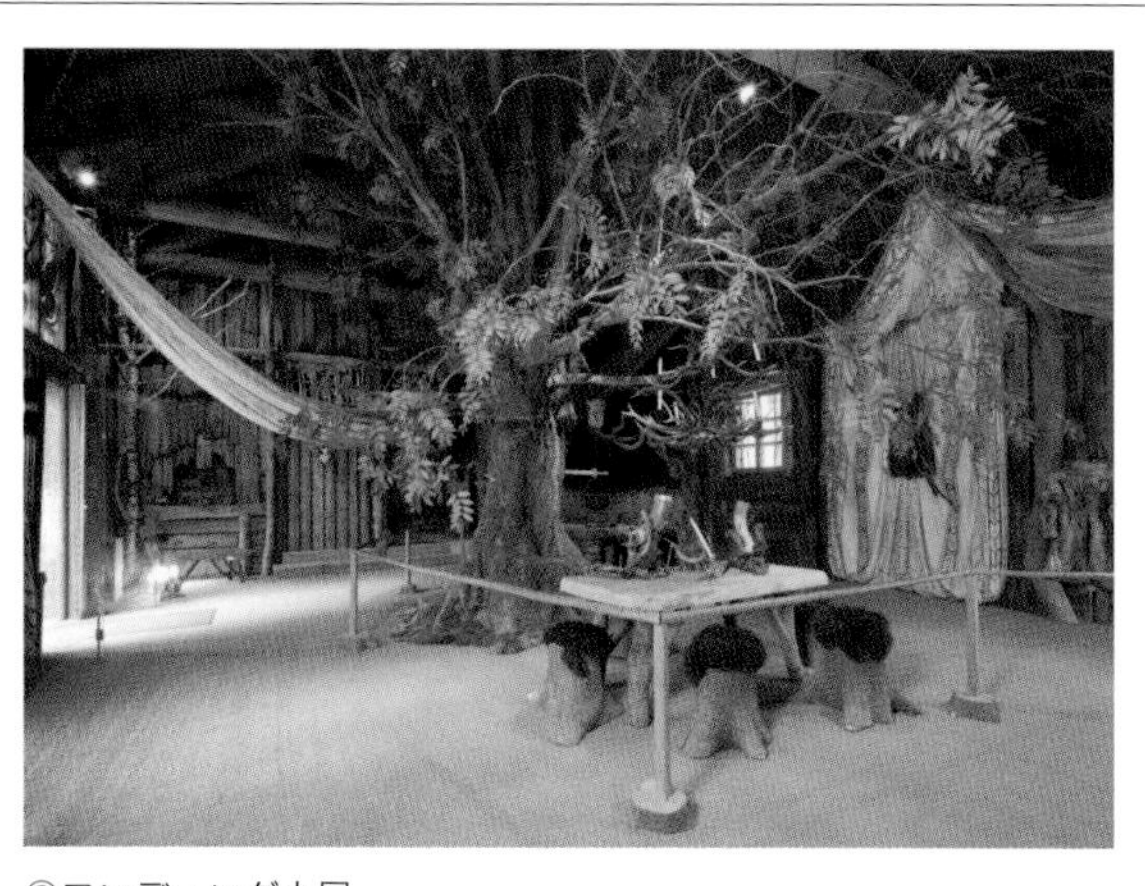

◎フンディング小屋

(Schloss Linderhof, Hundinghütte, Innenansicht, nach dem Bühnenbild im ersten Aufzug der "Walküre" von Richard Wagner)

＊ジークムントの剣ノートゥング
《ニーベルングの指環》の登場人物ジークムントと、その剣ノートゥング。ノートゥングは北欧神話に登場する剣グラムがモデルとされる。

コラム……Ⅳ

「詩的逃避地」リンダーホーフ城の食卓

パリの宮殿を一八六七年夏に見学したルートヴィヒ二世は大きな感銘を受け、ルイ一四世、一五世に関連する書物を集めて読み耽り、ついには自分だけが観客の御前オペラでフランス歴史劇を演じさせるまでになった。そして父王の狩猟小屋の建っていたリンダーホーフに、フランスの宮殿をモデルにした小宮殿を建てる指示を下す。リンダーホーフ城の玄関ホールには太陽王ルイ一四世の騎馬像が置かれ、宮殿に入るとき、王はそれに挨拶していたことが、料理人ヒアナイスの回顧録にも記されている。この宮殿は、彼が絶対的な専制君主とみなした太陽王ルイ一四世の世界に浸るための劇場的空間だった。それは、一八六六年の戦争でプロイセン王国の軍門に下った自身の王国の現状に対する幻滅から生まれた夢の世界であった。つまり、ルートヴィヒ二世自身が手紙に記した言葉を使えば、「我々が生きるひどい時代を一時でも忘れさせる詩的逃避地」である。

リンダーホーフの中で最もその「詩的逃避地」らしいのが、ヴェーヌスベルクの青の洞窟である。騎士タンホイザーが女神ヴェーヌスとの愛欲の日々に逃避したシーンが洞窟内の壁画にも描かれている。ヴァーグナーの「タンホイザーとヴァルトブルクの歌合戦」の一シーンであるが、王はそのシーンを現実に再現したいほど逃避癖が強かったのである。その洞窟での食事と準備の大変さについてはヒアナイスが詳しく記している。青の洞窟で王が食べた焼きリンゴの甘味は、果たしてヴェーヌスベルクのごとき夢幻の世界を彷彿させるものだったのだろうか。

リンダーホーフ宮殿内にも食堂があり、王はそこで一人で食事することを好んだ。いや、正確には、ルイ一四世をはじめとするフランス宮廷の人々との想像上の会食である。その事は、ヒアナイスの回顧録がまさに指摘しているところである。王の食堂は白と金を基調色としたフランス宮殿風の部屋で、中央に食卓が置かれ、横を向けば隣室のデュ・バリー夫人（ルイ一五世の愛妾）の肖像画が見られるように設計されている。ヒアナイスによれば、食卓には

四人分の食事が置かれたというから、デュ・バリー夫人やポンパドゥール夫人と会食しながらの歴史談義がさぞ盛り上がったことだろう。王はこの部屋に現代のドイツ人が入り込むことで空想上のフランス宮廷の世界が壊れるのを嫌った。そこで考案されたのが、この部屋のいわゆる「魔法の食卓」である（本書カバー参照）。元々は一八世紀フランスの発明品で、食卓の下の床がハッチになっていて、手動で階下に下げられるようになっており、スープ等を載せてから再び食堂に上昇させていたことをヒアナイスも書いている。想像上のフランス宮廷という「詩的逃避地」を誰にも邪魔させないという王の執念が感じられる逸品である。

この他、リンダーホーフ内には、ムーア人の東屋やモロッコ風の家と名づけられたオリエント風の家屋が存在する。いずれもパリ万博に出展されていたものを買い取ったものである。モロッコ風の家は以前はオーストリア国境に近い山間に置かれていたが、現在はここに移築されている。ヒアナイスはこの館で王にナツメヤシのタルトを出したことを記しており、食事の内容もオリエント風である。この当時のヨーロッパにとってオリエント（近東）はエキゾチックで魅力的な旅先つまりは逃避地だったのである。リンダーホーフは、このようにルイ一四世時代のフランス宮廷やオリエントといった想像の世界にルートヴィヒ二世が入り込み、「我々が生きるひどい時代を一時でも忘れさせる詩的逃避地」になるように建造されたのである。

（大畑悟）

リンダーホーフ城

王の好物

陛下が食べ物について言及されることはほとんどなかったので、陛下のお口に合うものを作るのは容易いことではなかった。宮廷厨房は長年の経験を培ってはきたが、何が特に陛下の気に入るかを知るには訓練を必要とした。さらに陛下は歯が弱かったので、その点にも配慮しなくてはならず、料理は全てふんわりと柔らかく調理した。

スープは選択肢に困らなかった。米や細い麺、小さいハムを入れたクヌーデル*、レバーシュペッツレ*その他の具入りの透き通った茶色のコンソメや、クレム・ド・ジビエや女王風クリームスープ*、チコリのスープ、オックステールスープのようなとろみのあるスープ、さらにパンのスープ、これは濾して卵黄とクリームを混ぜ入れたもので、ポーチドエッグを添える。ピューレタイプのスープを作るには、エタミンという特別なヘアタオルを使って濾し、待つ間にスープに固まりができないよう、常に湯煎の用意をしていた。陛下にはしばしば魚料理もお出しした。マス、舌平目のフィレのワイ

＊クヌーデル
パンやジャガイモで作る団子。

＊レバーシュペッツレ
シュペッツレは南ドイツのパスタの一種。生地にレバーを混ぜ込んだのがレバーシュペッツレ。

＊女王風クリームスープ
鶏肉やそのブイヨンを使ったとろみのある白いスープ。

ンソース添え、あるいは焼いてハーブバターかレムラードを添えたものなどがあり、その後にとりわけ手をかけて調理した牛肉が続いた。

大抵は上質なローストビーフで、紐で縛り三〜四時間じっくりと火を通した後、指の太さほどの厚さに四枚切り分けてお出しした。陛下にかなりお気に入りいただけたのがクロプス、〔つまり〕細挽き肉の肉団子と、焼いて細かく切った子牛の肋肉にマッシュルームかジャガイモのピューレを添えたもの、アスパラガスの穂先または牛タンの燻製のみじん切りを入れたオムレツ、春には上質なタゲリやカモメの卵を六分茹で、殻付きのまま半分に切り、バターを添えてナプキンに盛って食卓へお出しした。陛下は卵黄だけくり抜き、卵白には手をおつけにならなかった。鶏およびジビエのひき肉は様々な季節料理に利用した。ノロジカの背肉のクリームソース添え、キジとヨーロッパヤマウズラはベーコンで巻き、スグリのジュレとサラダを添え、ときには子牛の胸腺をリゾットと一緒に調理するか、焼いてインゲン豆を添えた。インゲン豆は色褪せないようにさっと湯がいて、お出しするときに新鮮なバターをからめた。

ブロッコリーも同様で、茹で過ぎたり崩れたりしてはならなかった。とろみをつけるのに小麦粉も使用してはならない。最後に新鮮なバターを使うだけだ。陛下はお酒を大量に飲むほうではなく、ワインの量より質を重んじていた。食器の隣にはプファルツ産のワインと軽めのボルドーワインが入ったカラフェがそれぞれ置かれていた。料理と料理の間に、マルコブルン*、ガイゼンハイム、ホーホハイム、ラウエンタールといった極上のラインガウ産銘醸ワインを飲むのを好んだ。ゼクトは特別な機会にだけお飲みになり、ルイナール・ペール・エ・フィスやモエ・エ・シャンドン・ウィユ・ド・ペルドリが続いた。格別なのは「コニャック・ムスー」という、真にフランス産の逸品で、どこへ遠出するにも小さな瓶に詰め替えて携えられた。強く発泡させ半円型のグラスに入れると、この上なく上品なブーケが広がり、これを陛下はこよなく愛していた。

ワインやスピリッツ類は全て王立宮廷酒蔵所から持ってくるのだが、そこにはバイエルン王国内および外国産の酒類の豊富なコレクションが揃っていた。そしてデザートワインの管理には特段の注意が払われた。

陛下が食事の内容を知るのは、いつも食器のそばに置いてある献立表*を見てからだった。左上のスープの箇所に担当料理人の名前が記されている。

＊マルコブルン…
コラムV参照。

＊献立表
本書三七頁、巻末の附録参照。

料理は明らかにドイツのものでない限り、全てフランス語名で記載していた。しばしば私は自分で献立を書き、陛下の食卓へ置いておいた。ある時、私が夢中で献立表を陛下の「魔法の食卓」*に用意していると、そこへ陛下が入ってこられた。大きなソリが音を立てずに滑り込んできたかのようで、退室するには遅すぎた。当惑しつつお辞儀をすると、陛下が速い足取りで私の方へ近づいてきて献立表を手に取られた。陛下がそばにいる者に話しかけるなど極めて稀だったため、陛下が話し始め、献立表のドイツ風子牛のフィレ・ミニョンとは何かと尋ねられますます驚いてしまった。お答えしなくてはならないのでどうにかお返事をしてみた。

「陛下、このフィレは子牛の最も柔らかい部位でございます。ちょうど背中の真下にあります」

陛下はさらに質問を続けた。

「なぜドイツ風（à l'Allemagne）というのか？」

「ドイツ国旗の色に合わせ、トリュフ、ベーコン、赤いタンを肉に詰めてあるためでございます、陛下」

そうご説明をした。陛下はさらに、「バイエルン風（à la Bavière）もある

＊魔法の食卓
コラムⅣ、Ⅷ参照。

◎ヘレンキームゼー城の「魔法の食卓」

(Herrenchiemsee, Neues Schloss, Speisezimmer (R.17), Blick nach Norden, Speisetisch (Tischlein-deck-dich) (Inv. M5 HCH), 1884-86)

のか？」と聞かれた。私の料理の知識によれば、この質問の答えはいいえ、であった。バイエルン国旗の青が必要になるが、青い食材など知らなかった。陛下はうなづかれ、献立表を私に返すと、入り口のホールの方へ向きを変えられた。

滞りなく受け答えができてほっとした私は、厨房へ行きお抱え料理人ロッテンヘーファーに報告をした。ありがたいことに、全て正しくお答えし振る舞えたと、ロッテンヘーファーからお墨付きをもらえたのだった。

コラム……V

ルートヴィヒ二世の愛したワイン

◆ドイツワインの歴史

ヒアナイスは回顧録で、ルートヴィヒ二世の好んだワインの銘柄をいくつか紹介している。

ドイツにおけるワイン造りの歴史は古く、モーゼル川やライン川流域が古代ローマの植民地となって以来、現在までその伝統が受け継がれてきた。中世以来、世俗領主や教会・修道院の領地でワイン造りが行われ、キリスト教の儀式に用いるだけでなく、経済活動や日常的な消費にも供されたが、とりわけ王侯貴族や富裕な市民たちにとっては、上等なワインはステータスシンボルや社交・外交の上で欠かせないものであった。

ドイツで高品質なワイン造りを目指す傾向が顕著になったのは、おそらく一八世紀頃である。例えば、一七二〇年にラインガウのヨハニスベルク（次頁地図上の①）のブドウ畑が、現在もドイツを代表する高品質なワインを産する白ワイン用品種であるリースリングに植え替えられている。同じくヨハニスベルクで一七七五年に、ブドウの収穫開始を告げる伝令が遅れたことで、遅摘みによる濃厚な甘口（シュペートレーゼ）が「発見」されたという逸話はよく知られている。

ナポレオン政権崩壊後のウィーン会議（一八一四〜一五年）で、当時オーストリア外相だったメッテルニヒにラインガウのヨハニスベルクが下賜されたことにも窺えるように、リースリングはヨーロッパ各国の宮廷をはじめとする上流階級でもてはやされ、その価値はシャンパーニュやボルドーと肩を並べるほどだった。ルートヴィヒ二世が好んだというラインガウは今もリースリングの栽培が盛んで、全栽培品種のうち八割近くを占めている。

◆王の食卓にのぼったドイツの銘醸ワイン

東から西へとブドウ畑を見ていくと、ホーホハイム（②）から始めることになる。ライン川の支流であるマイン川沿いにあり、一八四五年の英国のヴィクトリア女王訪問を機

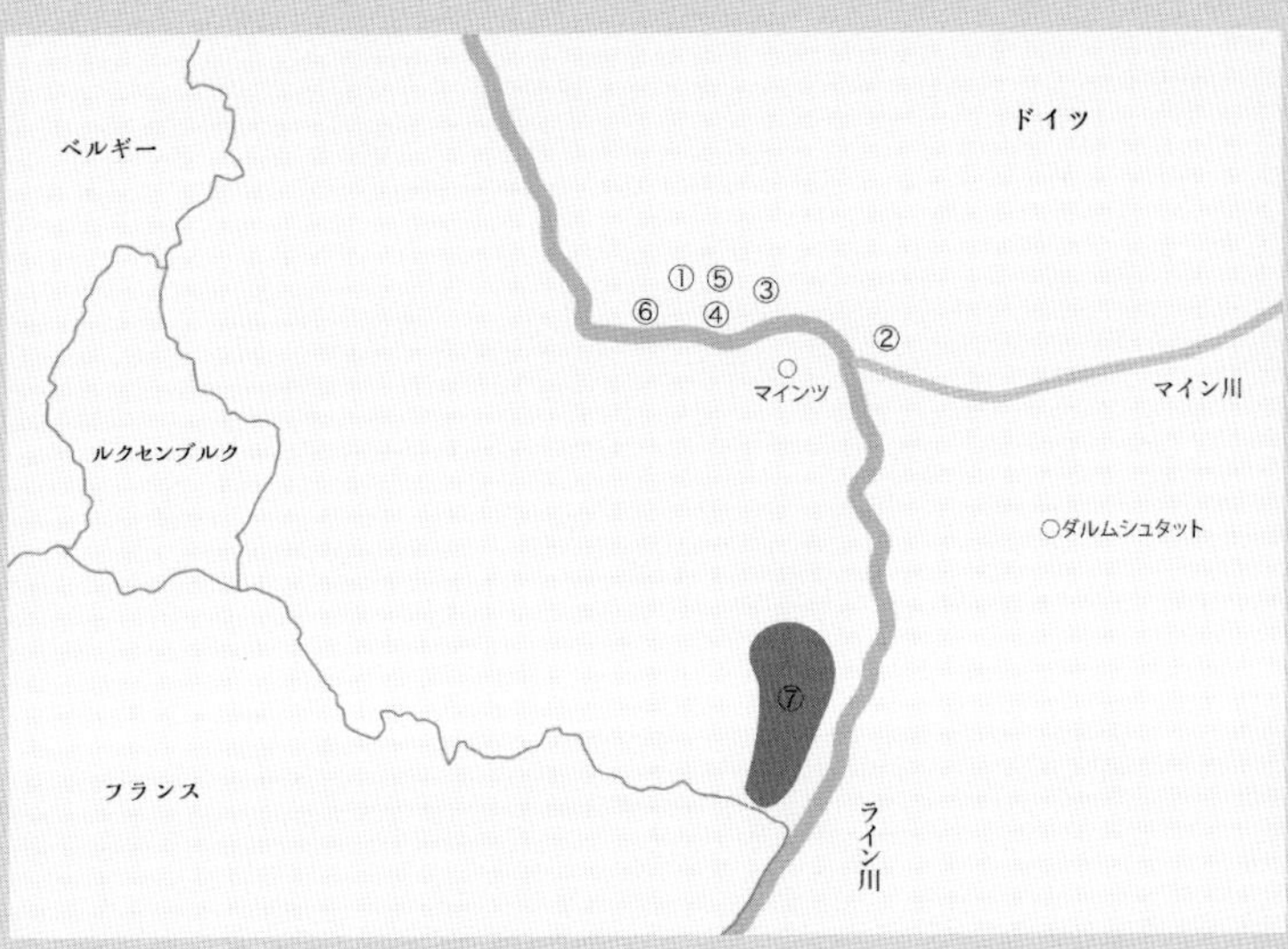

ワインの産地（国境線は現在のもの）

に、当時のブドウ畑所有者が女王の許可を得て「ケーニギン・ヴィクトリアベルク」に畑名を改名。英国で人気のあったホックはもともとホーホハイム産のものだったが、一九〇〇年頃にはライン産ワインなら何でもホックと呼ぶようになった。石灰質を含む柔らかい土壌のブドウ畑で、アロマティックでフルボディで、奥行のある味わいのリースリングを産する。

ラウエンタール（③）はラインガウ北東部の高地にある村。南向き斜面にあるバイケンの畑は一九世紀には世界的に有名で、プロイセン王立醸造所が栽培・醸造していた。現在はヘッセン州営醸造所に引き継がれている。土壌に風化した千枚岩が混じる急斜面で、繊細で複雑で気品のある味わいのリースリングを産する。

マルコブルン（④）はラインガウのエアバッハとハッテンハイムの村境にある、泉（ブルン）からつけられたブドウ畑名である。マルコはエアバッハ村の教会の守護聖人マルクスにちなむとも、土地の境界を意味する中世ドイツ語の marka もしくは marke に由来するともいわれている。ゆるやかな傾斜の南向き斜面の麓にあり、すでに一三九〇年には、エーバーバッハ修道院（⑤）の所領の中でも特に優れたワインを産するブドウ畑として言及され、一八六七年の格付け地図でも最上のブドウ畑と評価されている。この畑で産する辛口のリースリングは、たっぷりとした口当たりの上品かつ張りのある酒躯に、カリンなどの黄色い果実を思わせる味わいが特徴。

ガイゼンハイム（⑥）はブドウ栽培とワイン醸造の研究で世界的に知られる大学が、一八七二年に創設されたラインガウの町である。ワイン造りとともにワイン商業も盛んで、一六世紀以降ワイン売買で資産を築いた貴族たちの夏の別荘が、今もいくつも残っている。大学の創設者エドゥアルド・フォン・ラーデも、裕福なワイン商であった。ガイゼンハイムは西に向かっていたライン川が北西へと向きを変える位置の手前にあり、ブドウ畑は次第に岩の多い急斜面へとさしかかる。そこに産するリースリングの味わいは、ラインガウ中流以前のふくよかさを残しつつ、次第に切れ味のよい酸味とミネラル感、そして軽快な繊細さを帯びてくる。

ラインガウから南に向かい、フランスと国境を接するあたりから手前に広がるファルツ（⑦）は、一九世紀の初めにナポレオンの支配下で競売にかけられた、教会や修道院が所有していたブドウ畑を資産家が購入し、一九世紀半ばから同世紀末にかけて銘醸地として世界的に知られるようになった。一八一六年から一九四六年まではバイエルン領であったので、ファルツ産のワインはルートヴィヒ二世にとっては自分の領地で産するワインでもあった。温暖な気候で知られ、そのワインは他の産地に比べて力強く、現在も辛口のリースリングやシュペートブルグンダー（ピノ・ノワール）などの銘醸地として知られている。

◆フランス産のワイン・シャンパン

回顧録にフランス産ワインで登場する、ルイナール・ペール・エ・フィスのシャンパーニュ醸造会社は、一七二八年にルイ一五世が、それまで樽を使っていたワインの輸送をボトルで行ってもよい、という勅令を発布した翌年に創設された。一七三〇年、最初の出荷は創業者ドン・ティエリー・ルイナールの兄弟が営む呉服屋の顧客で、当時の主要なワイン消費者層が窺える。一八世紀半ばには大聖堂の

あるランスの町の地下三八メートルの石灰質の岩盤に、八キロメートルにわたって掘りぬかれた古代の石灰採掘場跡を取得して、瓶内熟成施設として利用を始めた。現在はLVMHモエ・ヘネシー・ルイ・ヴィトン社が所有している。

モエ・エ・シャンドン・ヴィユ・ド・ペルドリの醸造会社モエ・エ・シャンドン社は、一七三四年に創業された老舗のシャンパーニュ醸造会社。「ヴィユ・ド・ペルドリ」はヤマウズラの目という意味のフランス語で、薄いピンク色をしているため、現在はスイス産のピノ・ノワールを使ったロゼや、シャンパーニュのロゼに用いられる。おそらく当時醸造されていた、モエ・エ・シャンドン社のロゼ・シャンパーニュのこと。こちらもLVMHモエ・ヘネシー・ルイ・ヴィトン社の所有。

コニャック・ムスーは「発泡性のコニャック」という意味になり、ルートヴィヒ二世の時代には商品化されていたらしいが、詳しい製法は不明で、現在ではほとんど造られていないようである。専門家によると、シャンパーニュとコニャックをブレンドしたもの、という推測がある。

（北嶋裕）

№ 1263 München, 5. September 1885.

K.B. OBERSTHOFMARSCHALL-STAB

Betreff: Ergänzung der Weineinkäufe pro 1885

a. 25 Bouteill. 1873 Tokayer à 4 M 80 S, M 120.–

b. 50 Bouteill. 1870 Château Palmer à 7 M ... 350.–

c. 50 Bouteill. 1877 Château Lafitte à 8 M ... 400.–

バイエルン王室最高侍従長幹部が1885年に追加注文したワイン、シャンパーニュの発注書（部分）。回顧録中に見られるような銘醸ワインの名前が読み取れる。

(BayHStA, GHA, Obersthofmarschall 380)

ホーエンシュヴァンガウ城とノイシュヴァンシュタイン城

一八八五年五月二三日の夜、王はホーエンシュヴァンガウへ居を移された。滞在は四週間のご予定で、その間に周囲へ遠足に出かけるおつもりだった。正餐は夜中の一時とされていたが、その日ある重要な出来事があった。

王のお抱え猟師が厨房へやってきて、「使い」が来るため食事を二時間ほど遅らせなければならないという。省庁の役人と直接会うのを避けたい陛下が、宮廷に勤務する従僕や軽騎兵を通して提出させる国家公文書の用件だった。週に一度、内閣官房の使者が、届いた書類をファイルに入れて陛下の滞在先へ運んでくる。その日もそのような「使い」が到着したが、これが陛下の人生の夢をいつも味気なく中断させるのだった。そしてそれが最高権力者である陛下の機嫌を損ねることを、周囲の者はいやおうにも気付かされてしまう。深々とお辞儀をした姿勢の「使い」から次々と書類が提出され、最後の書類が終わるとやっとスープが用意できるという具合だった。このような慣例であったから、直接陛下に何かを申し述べるなどもちろん不可能だ。

厨房にとってもこの「使い」は厄介だった。料理はいつでも盛り付けられる状態にしておかなければならない。突然休憩が入り、食事を出すよう指示が出されるかもしれないのだ。全て滞りなく運ぶよう、スープは控えの間まで運び、アルコールランプで温めておいた。これも私の役目だったが、陛下がファイルを脇へ置くまで丸々二時間もそこで待たされたこともあった。当然そんなときはなおさら急かされる！　それに加え古城〔ホーエンシュヴァンガウ〕の厨房はとても離れたところにあった。城の中庭にある騎士の館から布切れが振られるのが見えたら、次の料理を出すようにとの合図だった。ワインとソルベはグラスを控えの間に持っていって注ぎ足した。一度、私はグラスを取り違えたことがあった。陛下がすぐにどの見習いのしわざかと尋ねられ、近侍を通じて以後気をつけるようにとのお達しがあった。

直接お許しを乞うことはもちろんできなかったため、謝罪の一筆を近侍のマイアーを通して提出してもらった。文面は長い時間をかけて練られたもので、次のような内容だった。「国王陛下、極めて従順な下僕として、

◎ホーエンシュヴァンガウ城

謹んで陛下の慈悲深きお赦しを切願いたします」。これと似たような一筆が部屋には常にたくさん置いてあった。ほんの些細なことでもこうした謝罪文が必要になるきっかけがいつでもあったからだ。明白に求められた場合のみ、口頭での謝罪が許された。

その後まもなくまた別の一件があった。バイエルン議会*が陛下に、ヘレンキームゼー城の追加建設費用の支払いを却下するという知らせが届き、陛下は大いに機嫌を損ねていた。リンダーホーフ城完成のすぐ後に取り掛かった新しいこのプロジェクトは、すでに何百万マルクも費やしており、財務大臣のリーデルが一八八四年の春に用立てた七五〇万マルクの公債は使い切っており、陛下は新たに六五〇万マルクを要請していたのだ。支払いの却下は陛下にショックを与えた。陛下は、信頼をおいているお抱え理髪師のホッペに、ヒンターリスに滞在中のフォン・マイニンゲン公爵*宛の書状を届けさせた。ホッペはこのような任務をよく仰せつかっていた。陛下は公爵にも費用の工面を要請したが、公爵にもこれは受け入れられなかった。

陛下がご機嫌斜めなのを不思議に思う者はいなかったが、ちょうど食事

＊バイエルン議会
実際には議会でなく内閣が正しい。

＊ザクセン＝マイニンゲン公ゲオルク二世
（一八二六～一九一四年）。舞台美術の改革・推進者として知られる。

にお出ししたウサギの背肉が不機嫌をぶちまける格好の的になった。肉は陛下には大きく切りすぎてあり、近侍を通して私に、陛下の目前で皿の上で小さく切るよう求められた。この命令に私は仰天した。小さな不手際でも陛下をとても不愉快にさせてしまうかもしれないからだ。近侍のマイアーはいつものように注意深く親切に、私をこの状況からすばやく救ってくれた。マイアーは私に、料理用エレベーターの後ろに下がっておくように言った。マイアーが陛下に一筆書いてくれるという。マイアーが書いたのは、厨房見習いのヒアナイスはひどい鼻血を出したため、陛下のご命令を遂行することができない旨、謹んでご容赦のほどお願いしております、というものだった。陛下はこれを遺憾とし、すぐに鼻血が収まることを望むと、マイアーを通してお伝えくださった。陛下のご命令にはマイアー自身が応じた。ただ陛下のお部屋に入るとき、いつも通り黒い仮面をつけなくてはならなかった。「あやつの顔は見たくない」といつしか陛下がおっしゃって以来、マイアーは仮面をつけずに*陛下の前に出ることはできなくなった。

しかしマイアーは給仕全体の要であり、陛下やその周辺とつながる唯一

*仮面をつけずに……
これには諸説あり。

の人物だった。王国議会あるいは大臣、役所や王室の役人に対する命令、旅行の手配、使用人の解雇や新規雇用について――つまり陛下のご指示は全てマイアーを通過するのだった。召使いの誰かが陛下のお怒りを買うことはしょっちゅうあったが、その場合代わりの者を見つけなければならなかった。誰が、いつも軽騎兵連隊から全く不適当な人材を借り出して陛下に仕えるように仕込むのか？　誰が彼らに、規則通り深くお辞儀をした姿勢を保ち、そのままで陛下の方を見ずに給仕をするよう教えたのか？　あるいは、陛下をご立腹させずに、理解しづらい急な命令を即座に理解するよう指導したのか？　それはいつも、マイアーただ一人だった！　陛下が日中起床され、ご不満やご要望がおありだったり、あるいは朝五時に馬車乗りから戻られマイアーを呼ぼうものなら、マイアーはすぐに駆けつけねばならなかった。シャッヘンだろうがキームゼー城、青の洞窟であろうが、マイアーは王のいるところには不可欠だった。一日たりとも休暇は持てなかった。それでも仮面をつけずに陛下の前に出ることは許されなかったのだ！

ホーエンシュヴァンガウでの四週間の滞在中、陛下は古城と新城〔ノイ

シュヴァンシュタイン城〕に交互にお住まいになられた。陛下の突飛な決定事は、厨房に多大な面倒を引き起こした。日曜日の遠出の行き先は大抵ブレッケナウだった。道はペラト川へ向かって下りていき、谷に降りると道はさらに王母の所有する魅力的なスイス風の家に続いていた。道のりは一時間ほどで快適な遠足だったが、谷へ下る道が凍ることが多い冬は悪質としか言いようがなく、重い荷物を乗せた荷車を通らせるのは、四頭の馬で引かせても危険だった。一度、ソリの滑り木が車輪の下に取り付けてあったにもかかわらず、幸運にも切り倒されていた太い木のおかげで谷間へ落ちるのを免れたことがある。馬が大汗をかいていて、夜だったのでほとんど先が見えなかったのだ。暗闇の中、こうした非常に長距離の荷物の運搬には、御者や厩務員に大きな負担が強いられた。何よりも急ぐことをよしとした陛下に何も起こらなかったのが、今日思い返しても不思議なくらいだ。全て無事に滞りなく移動ができたとき、厩務員や先頭騎手がいつもどれほど喜んでいたか、今でもよく覚えている。

しかしこのときは恐れることは何もなかった。六月の夜の空はまだ明るく澄んでいて、陛下は正餐をご要望になる前、まだ建物の一階を回られており、誰にも邪魔されずにゾイリング山の上を見つめていらした。ここでの正餐には、灰の中で焼いたジャガイモに新鮮なバターを添えてお出しするのが決まりだった。陛下が若かりし頃、母君の元でいつもそうして召し上がっていた。ゆえにそのときもそうして食べるのを希望されたのだった。

ある年の六月三〇日、陛下は牧歌的な風情の滝があるケンツェンの狩猟小屋へ遠出された。林務官が陛下に気の利いたサプライズをご用意していた。陛下がご不在の間に、小屋の前に美しい噴水を造らせていたのだ。陛下はこれをたいそうお喜びになり、林務官の幼い娘に金の時計を贈られた。ただ陛下を待っていたのはこれだけではなかった！　王立劇場の技術者たちがやってきて、滝を照明で華麗に演出してみせたのだ。泡を立てながら落ちる水があらゆる色をまとい、発炎筒の魔術を映しながら、深い紫色の滝壺に吸い込まれていく。陛下は食卓を滝の前に用意させ、この予期しなかった素晴らしい一幕に、無言で感嘆しつつ食事を取られた。夜が明けてからやっと陛下はその場をお離れになった。

リンダーホーフ城には六月中旬に向かい、ブルンネンコプフとピュルシュリング両方の山にそれぞれ三日ずつ滞在する予定だった。ここでも宿泊する家は、他の狩猟小屋の例にもれず簡素な作りだった。だがここは自然の趣に満ちていて、月が遠くの山々の頂を照らし、早朝には朝陽が山頂を黄金色に輝かせ、霧が幻想的に岩肌を覆い、ヨーロッパオオライチョウの研ぐような求愛の鳴き声が朝焼けを知らせるのを味わうのが魅力だった。こうしたものが陛下をいつも愛する山へいざない、周りの世界を忘れさせてくれたのだ。

ヴェルデンフェルザー・ラントには、カーヴェンデル山脈の山々や山頂がそびえ、シェッテルカーシュピッツェには遠くからも見えるパビリオンが建っていた。ここで陛下は毎年三日滞在することにしていた。そこからエッタールの山をイーザル川沿いのクリューンまで下り、イーザル川の橋のたもとからゾイエルンハウスへ登る道が始まった。快適な幅広い馬車道を進むといくつもの滝を通り過ぎ、その後「従僕の道」と分かれている。急な崖に沿ってうねりながら続く道で、「犬小屋」と呼ばれるところを過ぎ、三時間半も登れば小さく魅惑的なゾイエルン湖に到達する。ここには狩猟小屋や山小屋がいくつかあり、カーヴェンデルのカール〔圏谷〕を見下ろしたりカーヴェンデルシュピッツェを見上げる素晴らしい眺めが堪能できた。

宝石のごときこの湖は、谷へ向かって落ちる水源を蓄え、雪に覆われた氷河をうかがいながら横たわっている。ここには指の長さにも満たないハゼという小さい魚がおり、サクサクに揚げて陛下にお出ししていた。湖を離れてシェッテルカーシュピッツェへ向かうのは、細く急な徒歩用の道で、岩だらけの断崖を横切った。上に着くと、平地を遠くまで、そしてチロルの氷河まで見渡せる壮大なパノラマが待っていた。天気が良ければ、陛下は山頂まで登られたが、近侍のマイアーはひどく怖がった。めまいがするので最後のひと登りは馬に乗らなければならず、陛下はいつも大いに笑われた。

コラム…… Ⅵ

父なる城ホーエンシュヴァンガウ城の食卓

白鳥の城ノイシュヴァンシュタインの向かいの山に建っているのが、ルートヴィヒ二世の父王が中世の古城を買い取って再建したホーエンシュヴァンガウ城（一八三六年築）である。この城は幼少期から王のお気に入りの城であったが、折り合いが悪かった王母もよく滞在したため、近隣に自分だけが住む城を造りたいと願うようになったのである。

城内には歴史や伝説をモチーフにした壁画が九〇枚以上も飾られている。父王マクシミリアン二世は大学で歴史を学んで強い関心を抱くようになり、それがきっかけで中世の城を買って再建し、城内を歴史や伝説の絵画で飾るようになったのである。息子ルートヴィヒ二世は明らかに父王の影響を受けており、白鳥の騎士のようなドイツの伝説への関心や築城への情熱は明らかに父譲りのものである。そしてこの城そのものが、ノイシュヴァンシュタイン城の父なる城と言え、中世風の歴史主義の建築や伝説の壁画など、ホーエンシュヴァンガウ城がモデルであることは一目瞭然である。ほとんどの旅行者は時間の関係でノイシュヴァンシュタイン城しか見学しないので、城の歴史に関心がある方は是非両方を見比べてほしい。

ルートヴィヒ二世は幼少期に、父、母そして弟とこの城で長く過ごしたと伝えられる。そして家族で食事をとっていたのが、白鳥の騎士の間である。壁画に描かれた白鳥の騎士ローエングリンの伝説は、ヴァーグナーのオペラではなく、それ以前に刊行されたグリムのドイツ伝説集に基づいているとされる。食堂で嫌でも目に付く巨大な壁画のモチーフは、白鳥の騎士が父王、母と別れ、白鳥の舟に乗って窮地の姫君のもとへ旅立とうとするシーンである。そして絵師が壁画に描いた城や湖のモデルは、実はホーエンシュヴァンガウ自体だといわれている。この地ホーエンシュヴァンガウは、ドイツ語で「高き白鳥の地」を意味し、実際に白鳥が湖に飛来する。この壁画の間、城、そしてホーエンシュヴァンガウの地で育ったルートヴィヒ二世がのち

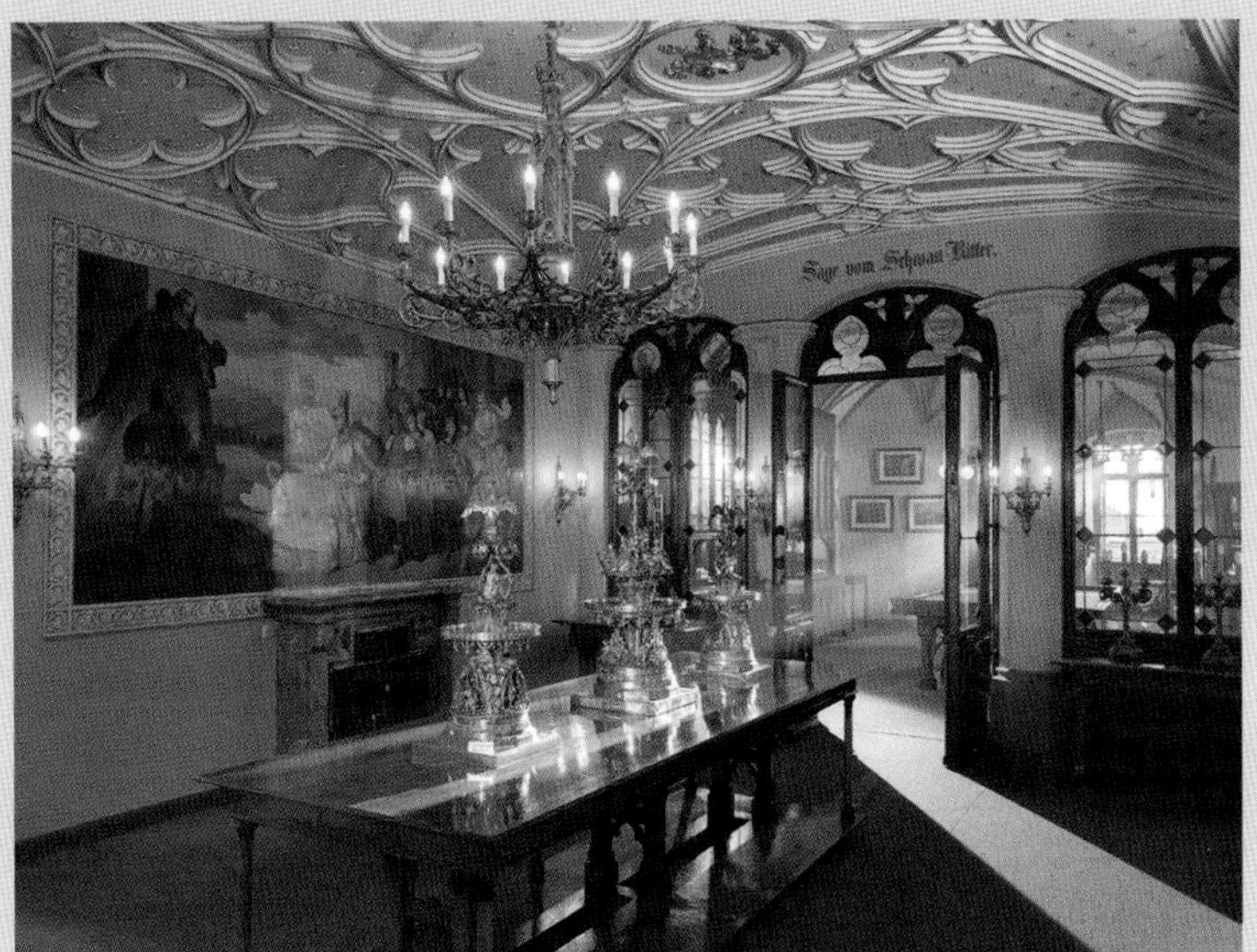

「白鳥の騎士の間」

ホーエンシュヴァンガウ城の厨房

に自身を白鳥の騎士になぞらえた背景がよく理解できるはずである。この城はまさしく築城王ルートヴィヒ二世の揺籃の地である。

白鳥の騎士の壁画を見ながら家族で食事をとったルートヴィヒ二世は、そこでどのような会話をし、何を思ったのであろうか。その事を伝える史料は存在しないが、壁画の間を見ると様々な想像が浮かんでくる。歴史好きの父から白鳥の騎士の伝説を聞かされ、自身が騎士として旅立つ日を夢見て心躍らせたのであろうか？　あるいは父王の元から旅立ち、自分の王国を見つけて偉大な王として君臨する日を空想したのであろうか？　少年時代のルートヴィヒ二世がこの英雄伝説に影響を受け、自らも英雄のごとく活躍し、自身の王国を築きたいと夢見たことは想像に難くない。もちろん現実世界で待ち受ける困難は全く考慮せず、その夢が儚いものであることは全く想像できなかっただろう。

国王家族に食事を提供した厨房は、この回顧録の料理人ヒアナイスが嘆いたように、城の本館から切り離された別館にあった。別館は現在土産物屋になっているが、奥に進むと彼が働いていた厨房が、当時の雰囲気そのままに残されている。生ハムを抱えた料理人の人形が、せわしなく働いていた彼を彷彿とさせる。中央の調理台には四匹のマスが並べられていて、このようなものが王の食事のために調理されていたのかと想像が膨らむ。奥にはイチゴの載ったケーキが見えるので、これが王のデザートとして運ばれたに違いない。当時を再現した展示があると、歴史の世界が生き生きと蘇るような気がしてくるので、旅行者には是非その目で見ることをお勧めしたい。

左奥にノイシュヴァンシュタイン城が見える。

コラム……Ⅶ

快適な逃避地としてのノイシュヴァンシュタイン城

世界的に有名な白鳥の城ノイシュヴァンシュタイン城は、建設者ルートヴィヒ二世が、ヴァーグナーのオペラ、特に聖杯の城が登場する白鳥の騎士ローエングリンや、タンホイザーとヴァルトブルクの歌合戦を城内の壁画でもって視覚化し、その想像世界の中で寝食するために建てた城である。実際、食堂にはヴァルトブルクの歌合戦の場面が描かれた壁画が所狭しと飾られている。王はタンホイザーのオペラの名場面を見て、その舞台を思い出しつつ食事することを望んだのである。

タンホイザーの場面を描いた壁画は執務室にもあり、愛の女神ヴェーヌスの山の洞窟に籠もり、女神との愛欲の日々に逃避する騎士タンホイザーが描かれている。そのような官能的な絵画を見ながら果たして王は集中して執務ができたのかと訝しく思えてくるが、煩わしい政務から逃れるためにこの城を造ったのだから、あるいはそれで満足だったのかもしれない。ちなみにそのヴェーヌスの洞窟が壁画としてではなく実際に洞窟として城内に設置されているので、王の逃避癖は本物である。これらタンホイザーのモチーフが暗示しているように、この城を貫く重要なコンセプトの一つは「逃避」である。

果たして何からの逃避を王は願ったのだろうか？　ミュンヘンの王宮で繰り広げられる煩わしい宮廷儀礼や政からと考えるのが普通である。しかしドイツ政府がノイシュヴァンシュタイン城を世界遺産にすべく二〇一五年にユネスコ世界遺産センターに提出した申請書では、より穿った見方が示されている。それによれば、「一九世紀は、退避（逃避主義、ロマン主義）と発展（テクノロジー、より良い世界）の緊張状態が特徴で、それが地上の楽園を見出そうとする試みや、芸術と技術を駆使してそれを再現した作品に表れている」というのである。つまり、ノイシュヴァンシュタイン城とは、一九世紀という緊張の時代から逃避するための地上の楽園だったとドイツ政府は主張しているのである。この主張に基づくと、ルートヴィヒ二世は単にミュンヘンの政務から逃避したのではなく、一九世紀近代という緊張の時代から逃避しようとしたということになる。なんとも壮大な見方である。

城内の食堂の窓からはペラト渓谷の滝を見ることができ、人の手が入らない山の中に敢えて城を建てたこと自体が、逃避地としての性格を際立たせている。誤解のないように言っておくと、現在のノイシュヴァンシュタイン城の場所には元々中世の城址が残っており、中世においては、この城は地域支配や徴税の拠点としての意味を持っていた。そしてその本物の城址の所に「古きドイツの騎士城の真の姿」というコンセプトで、一九世紀後半当時の最新技術を駆使して造られたのがノイシュヴァンシュタイン（＝新白鳥石）城である。従ってこの城は、ロマン主義的（つまり尚古的）な一方で最新テクノロジーに満ちた「近代的な古城」という、まさしく一九世紀的矛盾に満ちた建築物なのである。

城内で、一九世紀当時の最新技術が駆使された設備の一つが、キッチンである。当時としては珍しい、温水の出る給水設備や、自動回転串グリル機が備えられ、ルートヴィヒ二世以下の宮廷人や使用人にグリルした肉料理などが提供された。王はその肉料理を、ペラト渓谷を眺めつつ、タンホイザーのオペラの世界を想像しながら食した。食卓の上には英雄ジークフリートが竜を退治する場面の彫刻が置かれていた。英雄のごとく勇ましくありたい、という願望がある一方で、戦いの世界から逃避したいという対極の願望も見え隠れする。想像の世界がどこまでも広がる部屋での食事を王が楽しんだことは疑いないが、城内の壁画を見比べるだけでも王の不安定な心の内を窺い知ることができる気がする。中世の古城を模したノイシュヴァンシュタイン城は、中世的な生活をするために建てられたのではなく、あくまで近代都市社会の緊張状態から脱するための快適な逃避地として建造されたのである。

（大畑悟）

ノイシュヴァンシュタイン城

ノイシュヴァンシュタイン城の厨房
(Schloss Neuschwanstein, Palas, Küche)

ヘレンキームゼー城にて

一八八五年九月二八日の夜、私は陛下のお供として特別列車でキームゼー城へ向かうことになった。列車内で正餐をご用意しなければならない。終着駅プリーンから蒸気船に乗り換えヘレン島へ向かった。その夜は雨が降り、風も強かった。小さな船は波であちらこちらへと揺れ、転覆するかと思うほどだった。無事に島に到着したときは嬉しかった。陛下は好奇的になるのがお嫌いだったため、すでにエンドルフ船着場で下船されていた。キームゼー城は数ある城の中の問題児だった！　だが最大にして最も豪華な陛下の創造物で、あらゆる期待を超えるものだった。完成が見えない城の巨大さだけでも見る者を感嘆させるのだ。住めるようになるまで陛下は古い城*の方に宿泊された。初期の修道院風建築で巨大なバットレス（控え壁）と遠くまで音の響く回廊のある建物だ。厨房の窓は大きな中庭に面していて、年月を経た灰色の壁には果汁たっぷりの果物の木が絡みつく格子垣があった。正餐はこのときは新城でご用意した。しかしその豪華なベッ

*古い城
ヘレン島に一七世紀からあるアウグスティノ会修道院の建物。現在は博物館になっている。

ドに陛下は一度も入られることはなかった。休息は取れたのだろうか。

初めてヘレンキームゼー城を見たとき、私はその規模の大きさ、見事な噴水、壮麗な階段の吹き抜け、何千本ものロウソクで照らされ、おとぎ話のようにきらめく豪華な鏡の大広間に圧倒されてしまった。この妖精の世界に私はすっかり魅了されてしまい、陛下の前を歩く燭台の担ぎ役の灯りに気づくのが遅れてしまった。さっさと陛下のお部屋から離れなければ！

私は急いで「魔法の食卓」の準備をした。リンダーホーフ同様ここでもこれが私の役目だった。陛下が食事をしたいとおっしゃったら、スープをテーブルに乗せ、すぐにハッチを通して食堂へ巻き上げた。テーブルが食堂に出ると床が閉まり、陛下が席につけるようになっている。他の料理はどれも通常通り、食堂の扉を開けて運んでいた。

きっと今でもこの豪華な城を訪れるのは良い体験であろう。だが王個人にちなんだものはほとんど無くなってしまった。張出し棚やマントルピース〔暖炉の飾り枠〕の上には、陛下が全ての城でこよなく愛し、大いなる芸術への造詣をもってご自身で選りすぐった陶製の置物が煌めいていた。象牙の彫刻、ラピス・ラズリ製の伝説の動物、金象嵌のセーヴル焼きの花瓶

◎ヘレンキームゼー城の鏡の間

が見る者の目を喜ばせ、ぴかぴかのガラス戸棚の中には、デルフトの高価な品々、日本製の漆器類、金の刺繍がついた容器や宝石箱が、透き通るほど薄いブリュッセルのレースの上に置かれていた。これら全ての「ちょっとしたものたち」が決定的に城全体の印象を作っていた。

城の絢爛に見合うよう、キームゼーでは他の場所で通常使用している銀の食器セットは使われず、むしろ金のものが多用された。金の深皿、金の平皿、金のカトラリーといった具合に。

富と憂慮！　金の宝物に囲まれていても何より重要だったのは、手元からみるみるうちに消えていく鋳造された金であることを、孤独な王は痛感しそれまで以上に苦悩された。それなくして愛するキームゼー城は完成しない、ましてやさらに予定している大きなプロジェクトに着手することなどできない。廃墟になっているアルゴイ地方のファルケンシュタイン城*の再建のことだ。始まったと思われていた建設作業の様子を見に行きたいと希望する陛下を、どうにか策を凝らして引き止めねばならなかった。栄華の中にあっても陛下はこのように孤独で不幸なお方であったのだ！

＊ファルケンシュタイン城
ホーエンシュヴァンガウ城から西へ十数キロのところにある城跡。ルートヴィヒ二世の四番目の城となるはずであったが、王の死後建設は中止された。

コラム……Ⅷ

「栄誉の神殿」ヘレンキームゼー城の食卓

太陽王ルイ一四世の世界に耽溺したルートヴィヒ二世は、フランス宮殿風のリンダーホーフ城に飽き足らず、ヴェルサイユ宮殿をモデルにした大宮殿を建造し、そこを「余がルイ一四世を思い、称えるための栄誉の神殿」にすることを構想していた。建設場所として当初はリンダーホーフ内を考えていたが、大宮殿の建設には敷地が狭すぎたため、一八七三年にキーム湖に浮かぶヘレン島を買い取り、島の中央に宮殿を建設することにしたのである。ヘレン島にはかつて修道院があり、宮殿に改装されたのち、ルートヴィヒ二世が新宮殿の建設を視察するために何度も滞在している。一方で、ヘレンキームゼー城には、ヒアナイスが書いているように、ペルシャ国王（シャー）を案内するために、一八八五年九月に一度きり滞在しただけだった。

ヒアナイスの回顧録の中で圧巻は、「何千本ものロウソクで照らされ、おとぎ話のようにきらめく豪華な鏡の大広間」のシーンだろう。その他、ここでも「魔法の食卓」のことが記されている。現在、魔法の食卓を動かす階下の装置は見学できるようになっており、この回顧録を読んだ後で見ると、ここでヒアナイスがスープを食卓に載せて台を巻き上げたのかとその時の光景が目に浮かぶようである。宮殿の食堂はリンダーホーフ城とそっくりで、白と金を基調色とし、食事に供される魚や家畜、果物の彫刻がしつらえられている。ここでも食事の友はルイ一五世やデュ・バリー夫人だったようである。

一〇日も滞在しなかったヘレンキームゼー城だが、ヴェルサイユ宮殿の再現を目指しただけに莫大な費用が掛かった。一八八六年時点で予定の七〇室中二〇室しか完成していなかったのに、かかった費用はノイシュヴァンシュタイン城とリンダーホーフ城を合わせたよりも多く約一六〇〇万マルクである。ルートヴィヒ二世が王室費として支給されていた額が年間約四二〇万マルクで、うち新宮殿建設に支出できた額はせいぜい一〇〇万マルクだったとされる。すでに銀行からの借金と未払い金が一三〇〇万マ

ルク以上に達していた。年収の三倍以上の負債と考えれば、個人の借金として深刻な額であることが分かるだろう。このような国王の金銭問題への悩みはヒアナイスも指摘しているところである。

内装に莫大な費用がかかっているヘレンキームゼー城の完成には、さらに二〇〇〇万マルクが必要だと見積もられており、もはや国王個人が支出できる額ではなかった。そこでルートヴィヒ二世は債務問題の解決を財務大臣や首相に依頼するのであるが、個人的な借金を国の特別予算で弁済するという考えに、内閣で賛成する者はいなかった。もはやルートヴィヒ二世が理想としたルイ一四世期絶対王政の時代ではなく、近代立憲君主制の時代なのである。国家予算と国王個人の王室予算は全く別の扱いだった。こうしたルートヴィヒ二世の時代錯誤な考え、特に財務に関する考えは、文字通り命取りとなり、後の政府による禁治産者宣言と幽閉という末路を引き起こすことになったのである。

ヘレンキームゼー城さえ建設しなければルートヴィヒ二世はもっと長生きできた、と考えられる。ましてやリンダーホーフ城という似たようなフランス風宮殿はすでに完成していたのである。そこまでしてルイ一四世を称える神殿を造りたかったルートヴィヒ二世の心は何だったのだろうか？　敗戦で独立を失った祖国への喪失感？　その喪失感を埋め合わせるために絶対王政的宮殿を建設し、空想の王国を作りたかった？　単純に逃避地を作りたかっただけとは言い切れない、深淵な心の闇が広がっていたように思う。

（大畑悟）

魔法の食卓を動かす装置

(Herrenchiemsee, Neues Schloss, Technikraum "Tischlein deck dich")

フェルンシュタインにて

一八八五年から八六年にかけての冬の間、本営はほぼずっとホーエンシュヴァンガウにあった。二月一〇日の朝七時、就寝前に陛下が次の夜はフェルンパスへ行きたいとおっしゃった。正餐もそちらで用意するようにとのことだった。フェルンパスへの移動は七~八時間かかるため、厨房には準備をする十分な時間がなかった。陛下のご到着後すぐに正餐をご用意できるよう、すぐに準備に取り掛からなくてはならなかった。必要な物は全て、食器類、グラス、ワイン、ビール、リキュール、果物にデザートなど、十分な献立に足りるものは全て忘れることなく詰め込まなくてはならない。

午前一一時に準備が整い、王室のソリが用意され出発することになった。素晴らしく美しい反面とても寒いソリでの移動は、フュッセンそばのアルペンローゼ道沿いに進み、チロルとの国境沿いにあるヴァイスハウスを過ぎて、最初の馬の交換地ロイテへ向かった。そこからさらにレアモースを越えてビーバーヴィアーへ向かい再度馬をつなぎ替えた。そしてジークムントブルクの廃墟を囲む小さな湖をいくつも過ぎて、夕方七時にフェルンシュタインの宿屋に着いた。陛下のために一人用の部屋を常に二つ予約していた。フェルンシュタインで陛下が特別に希望する料理が「ヘヒテンクラウト」[*]だった。代々の王の献立表に登場してきた名物料理である。カワカマスを焼き、冷ましたら骨を小さなものまで丁寧に抜き、身を小さくちぎっておく。次に、美味なザワークラウトに茶色く炒めた玉ねぎをたっぷりとバターを多めに加えて柔らかく煮たら、バターを塗ってパン粉をまぶした耐熱テリーヌ型に、ザワークラウトとカワカマスを交互に層状に敷き詰める。一番上にはパン粉をまぶし、ザリガニをのせ、ザリガニバターを全体にしっかりかけ、オーブンで二〇分焼く。

　準備が整いきらないうちに先頭騎手が姿を現した。フェルンシュタインへの移動には、陛下は馬を四頭つないだ大きな金のソリを使われた。その前に灯のともったランタンを掲げる先頭騎手が進む。二頭の鞍馬にはロココ調の制服に身を包んだ二人の厩務員が座り、巻毛のかつらと三角帽子を被っていた。馬の頭にはダチョウの羽の束でできた壮麗な飾りが付いてお

＊ヘヒテンクラウト
コラムIX参照。

り、鞍敷と革紐にも飾りが施されていた。白馬には青の、黒馬には赤の飾りが付けられた。

だが、知らずして密輸者になっていたことを知ったら、最高権威者たる陛下はなんとおっしゃっただろうか。陛下のソリには、クッションの下に毛布や革靴をしまっておくいわゆる座席桶と呼ぶ収納があった。バイエルンの城へ帰るとき、その中には厩務員のためにチロルのイチジクコーヒー＊をいっぱいに詰め込んであったのだ。だが国境も難なく通り過ぎることができた！

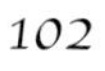

＊イチジクコーヒー
コラムⅨ参照。

国王陛下の正餐

1885年8月10日
フェルンシュタインにて

プティ・クネル入りコンソメ
オランダ風トラウト
牛肉と豆の煮込み
ヘヒテンクラウト
チキンのフリカッセ
クルマバソウのソルベ
ノロジカのロースト
フルーツのジュレ
アイス：オレンジのトゥッティ・フルッティ

◎ 1885年8月10日、フェルンシュタインでの正餐

【クネル】：肉、魚、ジャガイモ、パン生地などで作る団子。ドイツ語のクロースにあたる。
【オランダ風トラウト】：オランダ風とは、バター、卵黄、レモン汁などで作るオランデーズ・ソースをかけたもののこと。トラウトはマスで、ヨーロッパ周辺の海や川でよく捕れる。
【ノロジカ】：ヨーロッパに広く生息する小型のシカ。ドイツでは昔から代表的な狩りの獲物であった。現在でも人気のジビエの一つである。
【トゥッティ・フルッティ】：イタリア語で「あらゆるフルーツ」の意味。ここではオレンジアイスに様々な（ドライ）フルーツを混ぜ込んだもの。

コラム……IX

ヘヒテンクラウトとイチジクコーヒー

◆ヘヒテンクラウト

ルートヴィヒ二世がこの料理を好んで食べたことは今でも知られている。料理名や説明に「ルートヴィヒ二世のお気に入り」などと謳ったレストランのメニューやレシピサイトがある。ミュンヘンのオクトーバーフェスト内の、昔の様子を再現した特設会場オイデ・ヴィーズンでも、この料理を出す店がある。ただ現在ではノスタルジックな料理のイメージがあるようで、家庭でもレストランでもお目にかかる機会は限られている。

ヘヒト（Hecht、複数-e）は英名をノーザンパイクといい、カワカマスの一種であり、クラウトはザワークラウトの略である。この二つを型に入れソースをかけて焼いたのがこの料理で、ドイツ語圏によくあるアウフラウフ（グラタンのような型に入れて焼く料理）の一つといえる。これだけだとシンプルだが、ここに当時はバイエルンの湖川でよく捕れたというザリガニのバターをソースとしてかけるのが、いっそう美味しくさせるようだ。

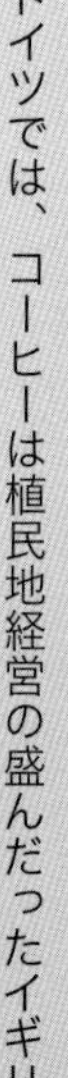

泳ぎが得意だったルートヴィヒ二世は、釣りも好んだ。ノーザンパイクもよく釣っていたという。自ら釣った魚はさぞかし美味だったのではないだろうか。

◆イチジクコーヒー

コーヒーがドイツに伝わったのは一六七〇年頃、ウィーンには一六六八年といわれている。その頃ヨーロッパの主要都市にはコーヒーハウスができており、南ドイツへはウィーンからドナウ川を通って伝わったとされる。一八世紀初めにはドイツでも各地でコーヒーハウスがオープンする。当時のコーヒーハウスは上流階級のものだったが、コーヒーそのものは次第に下層階級へも普及していく。普及が早かったドイツ北部に比べ、バイエルンやオーストリアで浸透するのは遅く、一九世紀に入る頃でもハレの日の飲み物といった状況だった。

ドイツでは、コーヒーは植民地経営の盛んだったイギリ

スやオランダから輸入する高価な品であったことから、代用コーヒーが登場する。様々な植物を使い代用コーヒーが作られてきたが、ドイツで成功したのはチコリの根から作るチコリコーヒーで、一八世紀初頭に発明されたとされる。

チコリ以外の原材料には、麦芽、大麦、ライ麦、サトウキビ、豆類、根や球根など多数あったが、イチジクもその一つであった。イチジクコーヒーは一八世紀中頃イタリア北部で生まれたとされる。ドイツでも一八五八年に初めて登場し、一八七三年からベルリンなどのコーヒー製造会社が製造を始めた。オーストリアでは一八八〇年にウィーンのインペリアル社が製造開始した。イチジクコーヒーの作り方は次の通りである。「収穫したイチジクを天日で二四日間乾燥させた後、乾燥室でさらに二ヶ月乾燥させる。塩水できれいに拭いた後、一四〇度から一八〇度のオーブンで焙煎しその後すぐに冷ます。粉に粉砕すればできあがり。普通のコーヒーに混ぜてもそれだけで飲んでもよい」

ルートヴィヒと父マクシミリアンのお抱え料理人ヨハン・ロッテンヘーファーは著書『エレガントでサービスの行き届いたコーヒーおよびティーテーブル』で、様々な代用コーヒーの中でイチジクコーヒーだけを好むとし、ザルツブルクやチロル地方全域で盛んに作られていると書いている。また、イチジクの良い品種はエーゲ海の島々に育ち、特にスミルナ（現イズミル）から出回っているものは最良であるといい、ギリシャ産のものはカラマタ産が多いが、ケルキラ島産のイチジクの方が流通量は少ないがより良質でより甘いとしている。

現在、ドイツおよびオーストリアでイチジクコーヒーを製造している会社はごくわずかである。代用コーヒーとして普及しているのは、チコリ、タンポポ、麦芽が主な原材料となっている。

（森本智子）

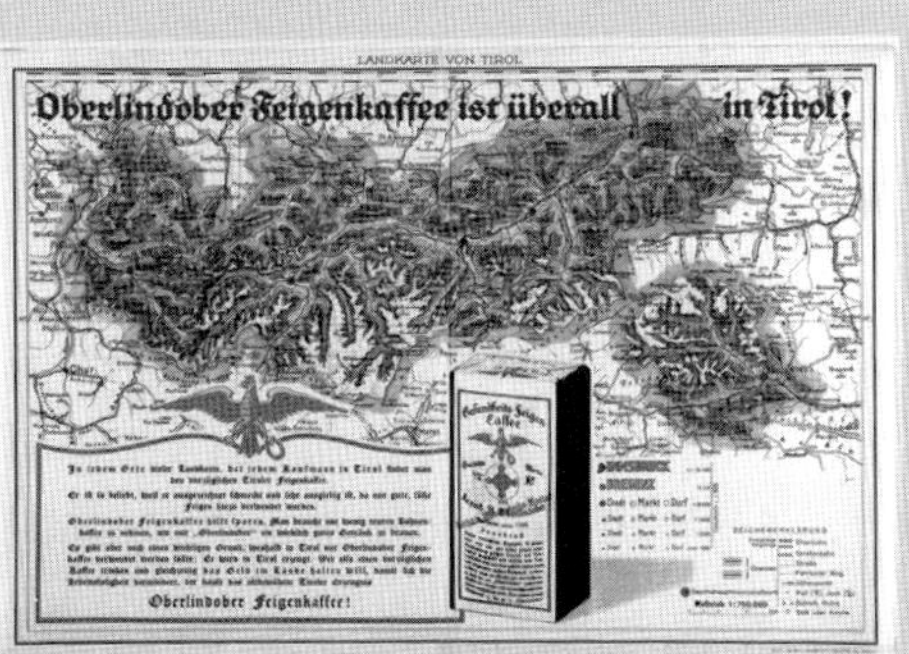

チロルのイチジクコーヒーの広告

国家委員会

一八八六年六月九日水曜日のことだった。私たちは皆ホーエンシュヴァンガウの古城におり、新城〔ノイシュヴァンシュタイン城〕へ向かおうとしていたところだった。陛下がその夜新城での正餐をお申し付けになったからだ。急に、この日の夕方古城で一〇人ほどの国家公務員の晩餐会が催されることになったという。実に例外的な出来事で、陛下のこれまでの慣習にはそぐわないものだったため、私たち使用人は皆、かつてないほどの驚きに包まれた。

すぐにいろいろな噂が飛び交い、あれこれ囁く声が聞こえてきた。召使いたちはいつもより頻繁に行き来してざわつかせ、私はといえば、食事の準備もいつもの不確実性に振り回されるのだろうかと心配になった。というのも、ルートヴィヒ二世自身に関わる何かが秘密裏に進められていると聞いたからだ。陛下のお抱え御者が前触れもなしに陛下のもとへ届けた知らせに、私たちは茫然とした。陛下の退位を求めて国家委員会が古城にやっ

て来たので、すぐに身をお守りくださいと嘆願したのだ！

またたく間に私たちは状況を全て把握し、話し合い、賛否の意見を検討し、各自が観察した些細なことや意見で根拠付けたり反論したりした。一番の疑問は、この後どうなるのかという点だった。新城へは向かわねばならない。私はお抱え料理人と一緒にいつもの荷物を、何時間も前に庭に出して待たせてあった荷車に詰め、急いで新城へ馬車を走らせた。新城でもっといろいろなことが分かるかもしれないと期待していたが、正餐は何事もなく無事に済み、がっかりした。何もなかったかのように朝が近づいてきた。

だが突然大きな音がした。はずみの効かない馬車がギシギシ鳴り、大きな呼び声や命令が聞こえ、言いようのない不安と胸苦しさが私たちを覆った。

我らが国王より強い力を持つものがこの国にあったのだろうか？　憲法、政府、国会のことなど私たちはほとんど知らなかった。私たちにとってルートヴィヒ二世だけが完全な支配者である。民衆もそう思っていたし、陛下もそう思い描いていた。近寄りがたい陛下にあえて抗することなど誰

ができようか？

胸騒ぎがした私たちは、不意の攻撃を阻止すべく、大きな棍棒と包丁ですばやく武装した。終生変わらぬ従者の忠誠心に駆り立てられ、私たちは陛下をお助けしようと外へ飛び出した。前庭に出ると、混じり合った声と馬車のギシギシいう音が大きくなってきた。見慣れない馬車の列が城門をくぐろうとしていた。

だが城門を見張っていた二人の治安警察官とその司令官が、銃の安全装置をはずした。その上にある城の前広場では、お抱え料理人のロッテンヘーファーが私の隣で立ちはだかった。司令官が力強い声で国家委員会に対し言った。

「国王陛下の名において何人たりとも城への立ち入りは許されません！」

だが先頭の馬車に乗っていたホルンシュタイン伯爵は御者に、私たちにも聞こえるほどの大声で命じた。

「クレーマー、かまわん進め！」

そこへ治安警察の司令官が、すぐに指示に従わなければ陛下の命令によって銃に頼ることも厭わないとばかりに威嚇した。後部の馬車にもそれ

が十分伝わったらしく、すぐに中から降りてきた。国家委員会の代弁者であるホルンシュタイン伯爵は、ロッテンヘーファーに気がつくとこちらに向かって声を上げた。

「ロッテンヘーファー、我々にうまい朝食を作ってくれ！」

だがロッテンヘーファーは、バイエルンではまかり通った誤解しようのない表現できっぱり断った。

もちろんそのときは美味しい朝食など出している時間もなければそのような状況でもなかった。馬車の列は引き返さなければならず、乗車していた者たちは、自らの無神経かつ拙く始めた計画がどれほど恥さらしなものだったかを徐々に理解した。さらに困ったことに、狭い城の前庭では御者が馬車の向きを変えるのに一苦労した。そしていくつかの馬車は、塔の建物脇のカーブが急なために、まだ城の前庭に入れてもいない状態だった。馬を馬車からはずし、ながえを取り出して押したり引いたりし、一行が来た道を戻る準備ができるまでしばらく時間がかかった。少しの成果もなく彼らは古城に戻っていった。古城で彼らは待ち受けられており、到着と同時に陛下の命令によって一時的に拘束された。

まだ一行が城の前庭で馬車と格闘している間、一人の高齢の女性[*]が皆の注目を浴びた。傘を振り回し、大臣たちに詰め寄ると、彼らの地位を含めた正確な氏名で呼びかけ、あらん限りの罵詈雑言を浴びせ罵った。そして自分を抑えようとする者全てを振り払い、驚き呆れる治安警察を避けて、人々や馬車、馬の間を押し分けて進み、なんと陛下のお部屋の中にまで入っていったのだ。陛下にお逃げになるよう、ひざまずいて嘆願し、チロルの所有地を提供すると申し出、追っ手の手からすぐに自分の身を守るべきだと訴えた。陛下は度肝を抜かれ、気まずそうに彼女を立たせると、丁重にその熱心な申し出を断った。亡命は陛下にはためらわれた。陛下はその男爵夫人から、今回やってきた国家委員会の面々の名前を聞き出し、彼らにノイシュヴァンシュタインへ戻るよう命じた。警察や消防の護衛のもと、およそ四五分の道のりを新城まで歩かねばならず、新城では塔の建物に監禁された。陛下は激怒し、王の威厳に対する罪を償わせるにはどのような罰も不十分だと言わんばかりの様子だった。当然ともいえるその激昂のあまり、陛下が下された命令は中世風なものだった。禁固した者たちを拷問にかけ、目玉をくり抜き、餓死させるべきだと！

＊一人の高齢の女性
エスペランサ・フォン・トルフセス・フォン・ウント・ツー・ヴェッツハウゼン男爵夫人。避暑のため、ホーエンシュヴァンガウに滞在していた。

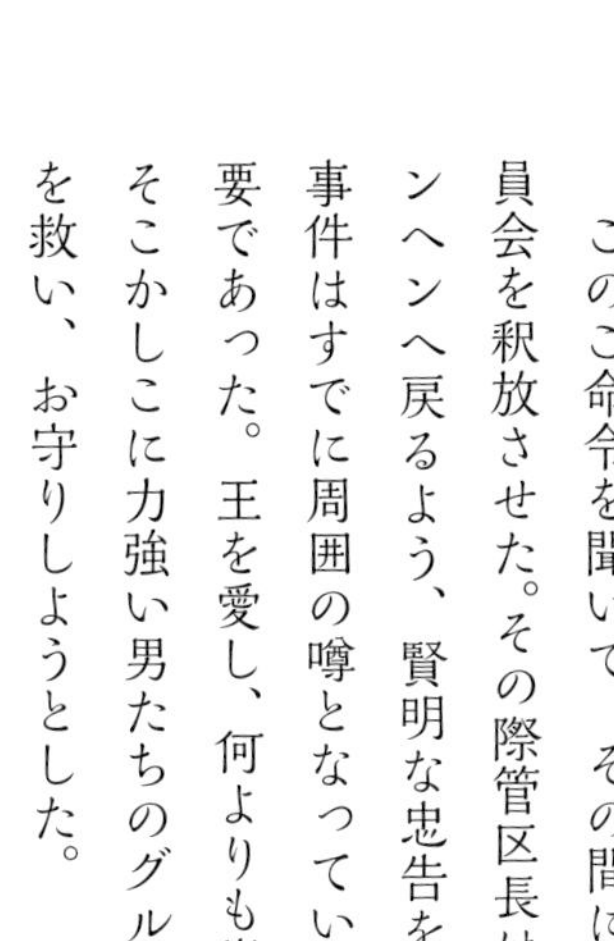

　このご命令を聞いて、その間に到着していた管区長がひっそりと国家委員会を釈放させた。その際管区長は釈放された面々に、人目につかずにミュンヘンへ戻るよう、賢明な忠告をした。ノイシュヴァンシュタイン城での事件はすでに周囲の噂となっていたため、このような慎重さはきわめて必要であった。王を愛し、何よりも崇拝した山間の住民は、ひどく憤慨した。そこかしこに力強い男たちのグループができ、必要とあらば追っ手から王を救い、お守りしようとした。

深刻な事態

不意打ちは失敗に終わった。一旦全ていつも通りに戻ったかに思われた。だが、認めたくはなかったものの、全てが変わり、不安定で疑わしいものになってしまった。陛下ご自身は無為に時間を過ごすことはなかった。ケンプテンの狙撃兵大隊を陛下専用の護衛として緊急招集し、到着を待っていた。さらに陛下の侍従武官であるデュルクハイム伯爵*に謁見を命じられた。だがノイシュヴァンシュタイン城へは中隊は一つも移らなかった。ケンプテンの狙撃兵大隊の連隊長は、王の命令の形式と方法から、そしてもしかすると噂のせいもあってか不信感をつのらせ、陸軍省へ問い合わせた。省は命令を無効とした。しかしデュルクハイム伯爵はやってきた。陛下へ取り次いでもらうため、伯爵がゆっくり私の部屋の前を通り過ぎるのが窓から見えた。

私たちは皆、伯爵が陛下を助けようとするのだと思った。伯爵の忠誠の誓約は王に対してのみ向けられたものだからだ。あるいは、展開した一連

＊デュルクハイム伯爵
（一八五〇～一九一二年）。アルフレッド・エックブレヒト・フォン・デュルクハイム＝モンマルタン。ルートヴィヒ二世に最後まで仕え、支えた人物。

の出来事、王室の責任能力の不足というミュンヘンで定着していた見解、そして国家予算の浪費でダメージを受けた王国の安定を理由に、伯爵は王に反対する気になったのだろうか。

憂慮した私たちは討議したのだが、噂によると、伯爵は陛下にすぐに首都ミュンヘンへ赴き、この事件に立ち向かって民衆の前に姿を現すべきだと進言したという。私たちにもこの提案は正しく、期待できるものに思われた。一刻も早く伯爵の忠告通り動かなくてはならない。山へ移動したり、住居を変えたり、決定事項を再度却下するとき、陛下のこうした急な決断力はしばしば厄介だった。だが今こそその決断力を発揮していただきたかった。しかし陛下は疲れ果てており、早急な決断は困難だった。陛下は躊躇した。

そこへミュンヘンから陛下の厩舎長ヘッセルシュヴェルトの電報が届いた。赤旗を掲げた一団*がミュンヘンに集っている、王の登場は得策とはいえない、という内容だった。この連絡がおそらく陛下にとっては決断を取りやめるありがたい後押しとなっただろう。リンダーホーフへ移動すると命令を下された。

*赤旗を掲げた一団
社会主義者の集団。

執事も務めた監督役のツァンダースから私は、リンダーホーフ城での晩餐に必要なものを全てまとめ梱包するよう指示された。夜一〇時ごろ準備が整い出発し、暗い夜のでこぼこ道を馬車を走らせアマーガウの山に着いた。しかし、全ての荷物を出して陛下をお迎えする用意ができたそのとき到着したのは、王室の公式馬車ではなく、乗っている馬とともに大汗をかいた馬丁だった。陛下はいらっしゃらない、私たちもすぐに「ノイ」シュヴァンシュタインへ戻れという知らせを持ってきたのだった。できるだけ急いで私たちは来た道を戻った。侍従長のフォン・マールゼン男爵と出会った。王母をエルビンゲンアルプからロイテへ送り届けた後で、陛下に起きたことを詳しく知るためこちらへ来たのだ。馬を替える間にツァンダースが一部始終を説明したが、急ぎながら交わした手短なこの会話が、状況の深刻さを把握するには十分現実味があった。大きな不安に駆られながら私たちは残りの道のりを急いだ。

ノイシュヴァンシュタインではまだ動揺は収まっていなかった。絶望的状況にあったルートヴィヒ二世は自殺を考え、毒だけでなく——もちろん毒など誰も渡してはいない——丈夫な包丁を欲しがった。陛下がペラト川の谷へ身を投げるのではとの恐れから、私たちは窓辺にいることもできなかった。谷の深みに落ちていく影を見てしまうかもしれない！

しかし客観的に見れば、ミュンヘンではすでに決定的な出来事が起こっていた。駐屯隊と治安警察は新たな国家元首*ルイトポルト摂政公に忠誠を誓い、それによってノイシュヴァンシュタインの治安警察を解雇し新たな人員をあてがうことが可能になった。

こうして不幸な王の運命は確実なものとなり、王位は退けられた。陛下にとってはもはや、いかに自分の威厳を保つかだけが問題だった。新しい委員会がやってきた。今回は医師や看護人のグループで、ミュンヘンの精神病院長*フォン・グッデン教授とその助手ミュラー博士が一行の代表だった。看護人は、精神病を患った王の弟*オットー王子が住む*フュルステンリート城から、長年介護仕事に携わり地位の高い患者に慣れている者を連れてきた。彼らは皆、あらゆる突発的な出来事を回避するという任務を課されており、そのためさりげなく陛下に近づける機会を狙っていた。そうとは知らない陛下は、城の塔に登りたいという希望を出して委員会の計画を助けるはめになった。その数日前近侍のマイアーが陛下が塔に登ろうとする

***ルイトポルト・フォン・バイエルン**
（一八二一～一九一二年）。ルートヴィヒ二世の叔父にあたり、ルートヴィヒ二世と弟オットーの摂政を務めた。

***フォン・グッデン教授**
（一八二四～一八八六年）。ベルンハルト・フォン・グッデン。ドイツの精神科医。

***オットー王子**
（一八四八～一九一六年）。バイエルン王オットー一世。

***フュルステンリート城**
ミュンヘン市内の南西、フュルステンリート地区にある城。元々王室の狩り場の城として一八世紀に建てられた。

のを遮った。陛下が塔から身投げするのではという危惧から、塔の鍵を無くしたことにしたのだ。

だが陛下が塔へ登るのは委員会にとって絶好の機会となり、扉の後ろに看護人を立たせ、他の者はそばで待機した。そして陛下に塔の鍵が見つかったと伝えさせた。すぐに陛下は塔へ登る指示を出した。陛下が塔へ登る階段に足を乗せた途端、左右から力強い腕が伸びて陛下を抑えた。陛下の統治時代は終わりを告げた。

「陛下！　私の人生でこれほど悲しい役目はございません！　四人の精神科医により陛下の鑑定書が出ております。彼らの意見によりルイトポルト公が摂政職に就かれます。私は陛下をベルク城へお連れするよう命じられております。今夜中に移動いたします。陛下のご命令をいただければ四時に馬車をご用意いたします」

上司グッデン教授が王に伝えた言葉を、助手ミュラー博士はこう記録している。陛下は短くつらそうに「ああ」と言い、「さあ、一体これはなんだ、私にどうしろというのか？」と繰り返した。

「看護人が、」とミュラーの報告は続く。

「王を先程までいた寝室へ戻した。控えの間でアラックの強い匂いがした。患者はかなりの量を飲んだようだ。看護人が寝室の窓を閉めており、王が寝室にいるときにそれに気が付いた。王は前後左右にふらついており、言葉にもわずかに不確実なところが見受けられた。寝室では話し合いが始まった。グッデン教授が我々を一人ずつ紹介し、自身は一八七四年に王に謁見する栄誉を受けていたことも加えた。これに対し返ってきた王の返事は、『ああ、よく覚えている』。病気の弟君の治療について詳しく聞く間、どうにか我慢しているのが見て取れたが、突然こう言った。

陛下『どうやって私が精神病だと診断を下すことができるのか、これまで私を一度たりとも診察したことはないではないか？』

教授『陛下、資料が豊富に揃っており完全な証拠となりますので、その必要はございませんでした。異論の余地はございません！』

陛下『それで療養はどのくらいかかるのだ？』

教授『陛下、憲法には、国王が一年以上何らかの理由で統治義務を阻止された場合、摂政が代理を務める、とございます。ですので最低一

年が予定されます』

陛下『そうか、それならもっと早く片付くだろうに。スルタンにしたようにすればよいのだ。一人の人間をこの世から抹殺するなど簡単なことだ』

教授『陛下、それにお答えするのは、私の名誉が許しません！』」

そうしている間に夜が明けた。城の前庭に、ベルク城へ向かう馬車が用意されていた。陛下はゆっくりと、威厳に満ちた身のこなしで歩みを進めて塔の建物の外階段を下り、その後を城の召使いニゲルが進んだ。ニゲルは陛下が真夜中に到着するとき幾度となく出迎え、お部屋へご案内をしていた。私はお抱え料理人のロッテンヘーファーや数人の使用人と一緒に台脚の上に立ち、涙が流れるのをこらえながら、目の前で起こっている衝撃的な出来事を見つめていた。階段の上がり口では国家委員会の面々が立ち、陛下を待った。近侍のマイアーが馬車の扉を開けると、陛下はためらわずに乗り込み、窓越しに長年仕えたマイアーに話しかけた。陛下がマイアーに祈祷書を渡し、自分のために祈ってくれとおっしゃったという。御者台

◎ベルク城に向かう最後の旅*（1886 年「ルートヴィヒ２世を偲んで」より）

では御者の隣に看護人も座り、馬丁が監視役としてその脇で馬を走らせた。他に三台の馬車が陛下の乗った馬車をはさむかたちで、とうとう平地のベルク城へ向かって出発した。上の階の窓から私はしばらく、この葬送のごとく悲しい馬車の列を見送った。これが我々の敬愛する王にとって、小尖塔で飾られたメルヘンの城やひっそりと建つ山小屋との別れであり、そして王は夢から現実へと引き離されたのだった。

*ベルク城に向かう最後の旅
絵は王の死後に描かれたイメージ。

ご病気のオットー王の金の器

それまでフュルステンリートにあったものが、これからはベルク城に移った。精神病院である。私がフュルステンリートに行ったのは、ルートヴィヒ王の死後であった。侍従長フォン・レートヴィッツ男爵*に呼ばれ、オットー王のお抱え料理人が病気のため代理を務められるかと聞かれた。ミュンヘンから数キロ離れたところにフュルステンリート城はあり、黄色に塗られ、高い城壁で守られていた。後ろ側にだけ公園があり農地に入り込んでいた。気の毒な城の住人が逃げ出すとしたら、ここがたった一箇所の出口だった。

侍従長の提案を私は喜んで受けたのだが、この城に入ったときの第一印象は身震いするようなものだった。まず、入り口には扉が二つあり、一つ目の扉を閉めてからでないと、二つ目の扉を開けることはできなかった。城内は物音、話し声、音楽ひとつ聞こえなかった。足音は厚い絨毯に吸い込まれ、病気の王とともにこの施設の単調な生活を共有する運命を負った

＊フォン・レートヴィッツ男爵
オットー直属の侍従長。

看守と看護人の深刻な顔つきを見れば、ここでどう振る舞うべきか悩む必要はなかった。私はノイシュヴァンシュタイン城やリンダーホーフ城、ヘレンキームゼー城の豪華な広間、シャンデリアや鏡、色とりどりの絵画、様々な陶器のある華麗な貴族の間を想って懐かしんだ。ここにあるのは、庶民的な快適さの中でゆっくりと過ごすぼんやりした日々だった。王ルートヴィヒ二世の正当な王位継承者である弟君は、命令を下せる状態ではなかった。やることなすこと全ては主治医と看護人が決定し、飾り紐の付いた制服を着た近侍の代わりに陰気な色の服を着た看守がいた。

ある日自分の部屋へ行く途中、王の居間の前を通り過ぎると扉が開いており、中には貧相で華奢な体つきの、ぼさぼさの顎髭を生やした男性が大きなテーブルのそばに立っているのを見た。大きく、だが分かりにくい声で見えない誰かに向かって話しかけていた。驚いた私の質問に、看護人の一人が、あれが王オットーだと答えた。「よくああして民衆や代表団などに何かを話しかけたりしているのです、慣れるしかありません」と私の動揺に気づいた看守が言った。

食事の献立はいくつものコースで構成され、食べやすいように考えられ、細心の注意を払って調理された。ここでも、理由は違えど肉はとても柔らかく調理しなくてはならず、骨や種はもちろん取り除かなくてはならなかった。オットー王はお一人で食事をされ、離れたところに看守が座って王を見守り、王が何か希望すれば対応できるようにしていた。

小さな親衛歩兵連隊が静かな城を外から守っていた。連隊を指揮する少尉にも王と同じ食事が用意された。オットー王が食事について何か発言することはほとんどなく、正気の状態であることは稀だった。前任の王であった兄ルートヴィヒの死後、ルートヴィヒがヘレンキームゼー城のために作らせた食器類がフュルステンリート城へ運ばれた。初めてこれを見たオットー王は、任務中の看守に言った。「これからあなたは私を陛下と呼ぶのだ」。金色の器に王は、おとぎ話に出てくるように、自分の威厳を見出したのだろう。

ベルク城で見たものが、フュルステンリート城にもあった。ベルク城はルートヴィヒ王の到着に備えあらゆる準備がされ、安全対策が敷かれていた。私はそこで初めてのぞき穴のついた扉や格子のついた窓、部屋側の取っ手を取り外した扉を見た。こうしたものがどれほど陛下の気を滅入らせたことだろう。ほんの数日前まで近寄りがたい太陽王だった人物、自分以外に命令するものはなく、誰にも義務を負わず、お許しを得ない限り見ることを許されなかった人物を。

我らが主人の気まぐれにしばしばこぼすこともあった。山小屋で過ごす数週間、お側にいて得た印象は、ルートヴィヒ王は普通の人間の考え方や習慣とはかけ離れたものを持っていた、というものだ。だが、王が危険な狂人として拘留されるような人物で、その必要があったとは、私たちは信じていない。ベルク城で拘留されてから、王はめったにしないような巧みで理性的な振る舞いを意図的にしたのではないか、とさえ思える。シュタルンベルク湖のほとりに建つ、青春期を過ごした想い出深いこの城の近くにリヒャルト・ヴァーグナーを住まわせ、この城からバラ島*まで船に乗り、「鷲」である自分から「鳩（もしくはカモメ）」であるオーストリア皇后エリザベートへ宛てた手紙を宝石箱*に入れて島へ置いたことは有名だ。その後長い間王はベルク城にあまり見向きをしなかった。熱狂的な空想から生まれた山間の城、建物やプロジェクトのほうが重要だったのだ。ベルク城へ強制的に移されたのは、ほんの少し帰郷の意味合いもあったといえよう。

＊バラ島
ミュンヘンから南西二〇キロメートルほどのシュタルンベルク湖にある島。ルートヴィヒ一世が買い、息子マクシミリアン二世が島に別荘、庭園、カジノを造らせた。ルートヴィヒ二世は来賓をもてなすために島を利用した。

＊宝石箱
鍵付きの机の引き出しという説もあり。

一八八六年六月一三日

一八八六年六月一三日、聖霊降誕祭*の日曜日、ベルク城にて。天気は悪く、雨が降り風も強かった。夕方五時半ごろ、陛下がグッデン博士とともに正面の城門を出て、ゆっくり落ち着いた足取りで公園へ入っていかれるのが城の前庭から見えた。ちょうどまた雨が激しく降り出した。陛下は傘を広げ、いつもどおり広い歩幅で博士の右前を歩いていらした。陛下の堂々たるお体の大きさが改めて私の目を引いた。陛下が腕を伸ばせば、グッデン博士はゆうにその下をくぐることができただろう。両者は湖に沿った下の道へ進んでいった。

夜の八時になった。夕食の用意はできていたが、陛下はまだお戻りにならない。風は嵐のように強くなり、雨と混じって湖面を叩きつけた。かなり暗くなってきて、重たい雲が日光を隠そうとしていた。厨房にはまだ嵐の音はあまり聞こえてこなかったが、灯りをつけ料理を保温した。

全て予定通りだったのだ、近侍のマイアーが突然厨房に飛び込んでくる

*聖霊降誕祭
ペンテコステ、五旬節とも。イエス・キリストが死後復活、昇天した後、使徒たちの上に聖霊が降りてきた出来事を記念するキリスト教の祝祭日。復活祭から数えて五〇日目にあたる。

までは。ひどく動揺しながら私に呼びかけた。

「ヒアナイス、監督役のツァンダースのところへ行って、陛下が公園からまだお戻りにならないと伝えるんだ！」

執事としてベルク城にいたツァンダースの部屋は、厨房の上にあった。急いで上へ行き、ドアをノックすると大きく不機嫌そうな「どうぞ！」という返事が聞こえ、私はドアを開けた。ツァンダースは片手に新聞を持ちベッドに横たわっていた。命じられた内容を伝えると、ぎょっとして私を見つめ、すばやくベッドから飛び降りると叫んだ。

「厩舎へ走って管理人に言え、全員を総動員し、灯りを持って公園へ陛下を探しにいくように！」

私はまず厨房に戻り、ツァンダースの命令を伝えた。厨房でも皆我を忘れてしまい、ロッテンヘーファーはすぐに上着を着て、そこにいた全員とともに走り出ていった。私は厩舎へ急ぎ、管理人のもとへ上がっていった。ちょうど厩舎の職員が夕食をとっている最中だったが、動揺のあまり私はわめいた。

一八八六年六月一三日

「陛下を探しに公園へ行かねばなりません。まだお戻りにならないのです！」

この言葉に打たれたように皆一斉にドアのもとへ走り、灯りを探そうとした。もうすっかり暗くなっていた。誰もが、何か大きな事故が起こったに違いないと考えた。不幸な陛下をまだ助けられるという願いと希望を頼りに、全員公園に向かって飛び出した。

灯りなしでは何もできないのを知った私は厨房にまた戻ると、ロウソクを入れるのにぴったりの器を探した。ちょうどよい物が他になかったため、高さのあるコンポート用のガラスの器を掴むと、公園へ向かった。皆に追いつくにはすでに遅かったため、一人で探すしかなかった。

私はまず、陛下が東屋へ晩餐を用意させるときに、いつも通られた真ん中の道を進んだ。重苦しい気持ちで薮の中を右へ左へと灯りを照らしながら、どんどん不安が増していった。突然そこに陛下が横たわっているのを、もしや瀕死あるいはすでに死んだ状態で発見するかもしれないという不気味な想像が湧いてきた。九時になろうという頃、急に誰かが湖岸から叫んだ。

「おーいこっちだ、みな湖へ降りて来い！」

ありったけの力で私は走った。お抱え料理人ロッテンヘーファー、そしてワイン貯蔵室管理人[*]のリッターがいた。そしてリッターの脇にあったのは、陛下のコートと上着だった！

さらにその近くにはブリリアントカット・ダイヤモンドのブローチのついた陛下の帽子もあった。もう疑うべくもない、大惨事が起こってしまったのだ！　ツァンダースが私に、漁師のリドルのところへ行き、すぐにボートに乗ってくるよう伝えろと指示した。ことのほか仰天したリドルは私と一緒に船着場へ急ぐと、ボートに飛び乗り事故現場へ漕いだ。現場で城の管理人フーバーとリヴレのグンビラーも乗り込み、湖の真ん中へ漕ぎ出した。一〇分ほど私たちは嵐で波打つ湖面を見渡した。すると突然フーバーが大声で叫んだ。その指さす先には、湖面に浮かぶ白いものが見えた。あれは陛下だ！　八四歳になった今でもあの光景は忘れることができない。シャツの袖の間で、生気のないルートヴィヒ二世の体が波間に揺れ動いていた。陛下の足は湖底の砂にうずまっていた。

一八八六年六月一三日

＊ワイン貯蔵室管理人
御用商人という説もあり。

私たちはみな、ショックのあまり全身の力が抜けてしまった。だが数分のためらいが生死を分けてしまうことは理解できた。陛下を救う可能性があるかもしれないではないか！　我々は力を合わせて陛下の重い体を水から引き上げた。陛下の大きく重い体に、水を吸った服がさらに重みを増した。ボートがさらに激しく揺れ、引き上げるのも困難だった。全員があるだけの力を振り絞って陛下の体を地上へ運んだ。

固唾を飲みながら他の者たちが立っていた。硬くなった陛下のお体を草の上に寝かせると、ツァンダースがその襟とシャツを開け、自分の上着をひきちぎると人工呼吸とマッサージを始めた。しかしもう手遅れだった。少し経ってリドルが、陛下が溺死した場所からさほど離れていないところで見つかったグッデン博士の遺体を運んできた。体格が小さいため水中に沈んでいたのだ。この悲劇がどうやって起きたのか、誰も知る由もなかった。王とグッデンに付き添おうとした二人の看守が証人になりえたが、グッデン自身の指示により引き返していたのだった。

国王陛下の夕食

1886 年 6 月 13 日
ベルク城

コンソメ　ニザームの真珠入り
子牛の胸腺入りオムレツ
鶏のグリル、アスパラガスのサラダ
杏のコンポート

◎不幸が起こった日の手つかずの夕食

【ニザームの真珠】：タピオカパールのこと。ニザームは 1713 ～ 1948 年までインドにあったハイデラバード（ニザーム）王国の君主の称号。ニザームの一族は大変裕福で宝飾品も多数所有していたといわれ、それが名前の由来だと思われる。

【子牛の胸腺】：料理用語でシビレといい、ヨーロッパではその柔らかく繊細な味わいが最も貴重な部位として珍重される。

【アスパラガス】：ドイツでは白いアスパラガスが一般的である。

コラム……X

最後の晩餐の地ベルク城の食卓

シュタルンベルク湖畔の城館ベルク城は、ルートヴィヒ二世が最期を過ごした場所であるとともに、最も長く住んだ家でもある。王は政務や宮廷生活に煩わされるミュンヘンから次第次第に距離を置くようになり、ベルク城のような別荘に頻繁に寝泊まりするようになったのである。ミュンヘン中央駅からシュタルンベルク湖の駅まで現在、列車で一七分と近い。ルートヴィヒ二世の時代にもすでに鉄道が敷かれていて、お召列車でここまで来たことがヒアナイスの回顧録にも描かれている。ベルク城は現在はヴィッテルスバッハ家の私有で、普通に人が住んでおり、一般公開などなく、門前には看板すらないので、歴史を知らなければ通り過ぎてしまうだろう。城と言っても三階建ての大きな別荘という外観である。父王マクシミリアン二世がこの城を夏の避暑地として利用したので、ルートヴィヒ二世にとってもお気に入りの住居となった。窓からはシュタルンベルク湖にさざ波が立つ風景が見られるので、自然を愛した王の心をさぞ和ませたことだろう。子供時代の王はここで夏は遊泳などをして楽しみ、即位後も蒸気船トリスタン号を出航させて湖の航行を楽しんだ。現在でもシュタルンベルク湖はミュンヘン市民の夏の保養地であり、舟遊びを楽しむ場所である。

ルートヴィヒ二世が住んだ時代、食堂は三階にあった。王の死後、博物館になったベルク城は一時期一般公開されており、一九一〇年に撮影された写真から当時の様子を推測することができる。部屋の基調色は白と金で、二つの大きな鏡の前にそれぞれルイ一六世とマリー・アントワネットの白い胸像が、卓上には舟に乗るローエングリンの彫刻が置かれている。壁面いっぱいに四二枚の絵画が飾られていて、全てヴァーグナーのオペラの場面を描いたものである。白鳥の騎士ローエングリンやトリスタンとイゾルデ、そしてニーベルングの指環など、王が特に好んだ題目である。王はやはりヴァーグナーのオペラのお気に入りの場面を想像しながら食事をしたかったようだ。あるいは、ルイ

一六世やマリー・アントワネットに話しかけながら、食事をしたのかもしれない。最期の日の晩餐として用意されていたのは子牛のオムレツと鶏のグリルだったが、湖で獲れたカワカマスの料理が出たこともあったはずである。ドイツの湖を訪れるとき、必ず試してみたいのが川魚の料理である。なお、現在でも近くに湖畔のホテルレストランがあり、湖の風景を観光客として楽しむことができる。

ベルク城は現在一般公開されていない私邸であるが、王の死後博物館になったことから分るように、何度も王の重要な政治的決断の場となった。最も有名かつ重要なのが、普仏戦争後に、プロイセン王ヴィルヘルム一世をドイツ皇帝に推戴する書簡をこの城で書かされたことである。嫌悪していたプロイセン王の臣下になることを自ら書簡に記さねばならなかった場所であるから、お気に入りの家だったとはいえ、王には辛い思い出が残ることになった。現実政治の辛い思い出が一切ない新しい城を築きたいと王が願ったことは想像に難くない。

風光明媚なベルク城の敷地内には湖沿いの庭があり、一番南の木戸を開けると散歩道に出られる。ここからルートヴィヒ二世は、一八八六年六月一三日、グッデン医師と散歩に出て帰らぬ人となったのである。最期の岸辺までおよそ一〇分の道のりで、そこには現在、十字架と追悼礼拝堂が立っている。一応有名観光地ではあるが観光客はまばらで、寂しい場所である。ルートヴィヒ二世最期の林道を歩くと、死地に赴く王の悲壮な気持ちが想像できる。

（大畑悟）

王を追悼する十字架

「うまいこと騙さねば」

なぜあのような最期が来てしまったのだろう？　当時そしてその後も幾度、私は自分にこの問いを投げかけたことだろう。陛下は一度も診察をされてはおらず、医師たちの鑑定は書類をもとに作成されたものだ。「資料が豊富に揃っており完全な証拠となりますので、その必要はございませんでした。異論の余地はございません」グッデン自身の言葉だ。

もしかすると、最初の危険の知らせから拘留されるまでの時間を逡巡してしまったことに、王の最大の責任があったのではないか。デュルクハイムの提案は別にしても、移送されるまで精力的に行動する機会はあったからだ。鑑定書に誇張や捏造された記載があるにせよ、王の責任とされた召使いたちへの虐待は、どんな民事裁判でも有罪になどしようがなかった。なのにルートヴィヒ二世が怒りの発作が収まった後、捕らえさせた委員会への拷問を免除したことは忘れられた。陛下が本気でそのようなことを考えたことなどないのに。

必要とあらば王の脚を縛れるよう、足台に皮ひもを装備した馬車で、陛下はベルク城へ移送された。馬車に乗る際、陛下はまだマイアーと話していた。王から打ち明けられたことをマイアーはすぐに下へ伝えた。陛下は毒を調達するよう頼んだのだった。ベルク城で下車するとき、陛下にはまだ自制心があった。「完璧な愚か者の牢獄」後にオーストリアの公使が訪れた際、この城をこう呼んだ。陛下は何も言わなかった。「とてもいい」そして「全て申し分ない」これだけが、平静を装った陛下のコメントだった。陛下はあらゆる予防措置、窓、扉の取っ手、夜から昼への生活リズムの切り替えを、そんなものはないかのごとく無視した。何も言わずに。眠れない夜に起きようとしても、服は片付けられていた。そこで寝間着と靴下のまま静かに上り下りした。見張りが陛下の食事に鈍い果物ナイフを置いたときだけは、訝しげな言葉をもらした。それ以外陛下はきちんと礼儀正しく振る舞った。他の囚人と比べ、陛下にはより息詰まりを感じさせたであろう周囲の人々に対する陛下の接し方は実に礼儀正しく好意的でさえあった。一時期陛下は、暗殺されるのではと思いこんでいて、一般的な毒について調べていた。釈放されるという考えは諦めてしまわれた。ただ、この療養がどのくらい続くのかという質問だけは最初にされており、「おそらく一年でしょう、陛下」という曖昧な答えが返ってきただけだった。だがもう皆仕返しを恐れて、自分を解放することはないだろうと確信されていた。

死の数時間前に交わした監督役のツァンダースとの会話で、陛下はこの考えを口にされていた。ツァンダースの前で陛下は初めて安全措置のことを話し、窓のかんぬきや扉ののぞき穴のことを指摘した。陛下が自殺を考えていたと信じるかどうかなど、子供じみた思いつきだ。そのような動機など陛下には全くなかった。だが、治安警察については知りたがった。実弾を込めた銃を持っているのか、はたして自分にその銃口を向けるだろうか？

ツァンダースはそこで陛下を落ち着かせようとした。治安警察は四人しかいないし、銃に弾は込められておらず、そもそも陛下を撃つなどもちろんありえない。陛下はこの会話でツァンダースを意気盛んだと言い、全盛期の頃のように生き生きと目を光らせ、別の話をしたいと言った。話しながら陛下はツァンダースをのぞき穴の死角にあたる位置へ移動させ、外から見えないようにした。おそらくツァンダースに何か重要なことを託したかったのだろう。ところがツァンダースは突然医師への義務を思い出すと陛下の部屋を立ち去った。しかし陛下にはすでに十分だった。このとき同時にグッデン教授はミュンヘンへあの有名な電報を打っている。「こちらは全て順調だ」

自制心を忘れずしっかりと、ルートヴィヒは最後の道を準備した。正餐中は静かにし、たっぷりと食事をとった。常に極めて注意深いと言われていたグッデンが、王のおとなしさにすっかり納得し、王はみずから病気だと感じ治療を望んでいる、と王の態度を理由づけた。

「あいつを騙してやらねば」とは、かつての陛下のお気に入りの言い回しで、巧みにやってのけられた。それがここで最後、成功を収めたようだ。グッデンがなんら疑いを持っていないことは明らかだった。陛下が計画的に慎重に行動していることなど、疑いようがない。グッデンが湖で助けを呼んでも誰もいない、自分の命令で看護人は城へ戻してしまった。下半身まで水に入りながら、最後までやり遂げようとする王と必死でもみ合うグッデンの姿が見える者などいない。王はグッデンより二〇歳も若い、だが教授は激しく抵抗した。割れた指の爪と岸辺の泥についた跡からその様子が窺える。王は服の一部を残して一瞬グッデンの腕から逃がれ、すぐに水の深い方へ向かった。もう一度グッデンが王を離すまいとし、二人はまたもみ合いになった。そこで王は本気になった。ものすごい力でグッデンの首元を掴むと泥底に押し付けた。泥の中に膝まで埋もれながら漁師のリドルが後に遺体を発見した。王は湖の中へ悠々と進んでいくと、まもなく自らの体を沈ませた。

＊王の最期について
描写はあくまでヒアナイスの想像であるが、当時最も有力とされていた説である。ほかにも他殺などいくつかの説がある。

◎ルートヴィヒ２世とグッデン発見の様子（1886年「ルートヴィヒ２世を偲んで」より）

◎密かに王を敬愛する人がベルクの事故現場に残した板のひとつ
（1886年６月13日　王ルートヴィヒ２世　ここに水死す）

新たな主人

不幸な事故のあと何事もなかったかのように、厨房ではあらゆる仕事が始まった。大きな王室晩餐会、レセプション、狩りの催し、舞踏会、王侯貴族の訪問などである。

王の死後、私たちが手掛けた最初の大きな王室晩餐会は、一八八六年六月二一日、亡くなった王の埋葬の日だった。国中から会葬者が参列し、王室の厨房では大量のメニューの準備をした。

そして厨房は新たな主人を迎えた。ルイトポルト摂政公である。ルートヴィヒ二世が、山々を孤独の庇護地に選び、万年雪や氷河を目前に城や宮殿のファンタジーの世界で過ごしたのに対し、摂政公にとって山々は広大で収穫の多い狩場だった。若い頃から狩りに夢中で腕のいい射手である摂政は、特にオーバースドルフやベルヒテスガーデンの山々を好み、夏や秋の大部分は狩猟小屋で過ごした。ヒンデラングやヒンターシュタインというアルゴイの林務官の家には、数週間摂政が主としてしばしば滞在した。

王室晩餐会

1886年6月21日
ミュンヘン

オックステールスープ
ケーニヒス湖のマスとベアルネーズソース
子牛の背肉、詰め物入りマッシュルーム
リシュリュー風肉包みパイ
鶏むね肉のマヨネーズ和え、トリュフ入り
王のソルベ
ノロジカのソテーとコショウのソース
サラダとコンポート
アスパラガスとオランデーズソース
揚げた"ハリネズミ"、スミミザクラの実
氷菓のオーブン焼き

◎追悼式のメニューカード

【リシュリュー風】：フランスの料理人、オーギュスト・エスコフィエにより命名された料理法。マデイラ酒を加えて作る茶色のリシュリューソースをかけた料理、あるいはマッシュルームやトマトの詰め物を添えた料理。
【揚げたハリネズミ】：ロッテンヘーファーの料理本には、パン粉を卵やクリームでふやかして丸め、細く切ったアーモンドを刺してゆっくり油で揚げる、とある。
【スミミザクラ】：ヨーロッパなどに自生するサクラ。酸味の強い実がなる。
【氷菓のオーブン焼き】：アイスクリームをメレンゲで包み、表面が色づくまでオーブンで焼いたもの。アイスクリームを薄い生地で包んで油で揚げたものもある。

◎摂政ルイトポルト（1888年）

日曜日は安息日で教会へ行く日のため、ヒンターシュタインのシュラッテンベルクではいつもミサが行われ、主任司祭が神の広い空の下、樹齢を経た防風用の針葉樹林のそばで執り行った。君主と一体となって祈りを捧げようと、周辺に住む人々が遠くからもやってきた。ベルヒテスガーデン地

域ではケーニヒス湖付近の山々や山の上の牧草地が、君主に敬意を表すべき場所だった。レーゲン、プリースベルク、ゴッツェンアルムに宿を取り、前日エーデルワイスとアルペンローゼの間をジグザグに飛び跳ねていた肉付きのよいシャモア[*]が、翌日には小枝で飾られ、目は永遠に閉じて、一四本の枝角を持つ立派な鹿の隣に横たわっているのだった。高くそびえ立つヴァッツマン山塊の麓にあるケーニヒス湖そばの林務官の家「バーテルメ[*]」では、数日間宿泊した。この家の娘は厨房の権限を私たちに譲らねばならず、その埋め合わせとして、摂政とその客をこの家に泊める栄誉が与えられた。日曜日は休日のため、狩りの一団はベルヒテスガーデンへ移動し、摂政は妹君モデナ公爵夫人[*]の近くの城に宿を取った。

この日私たちの厨房は必要ないと断られたため、空いた時間を食糧の補充と次の週の準備に充て、早朝六時に出発した。

ミュンヘン周辺ではキジ狩りもよく行われた。ハートマンスホーフェン、シュライスハイム、モーザッハのキジ飼育場では、色とりどりの羽をつけた立派なキジが専門家によって飼育され、狩りの日にはその命が犠牲になった。狩りの収穫はほぼいつもかなり多く、五、六〇〇羽も珍しいことではな

＊シャモア
山地に住むシカの仲間。小枝で飾るのは狩人の習慣で、仕留めた獲物を右側を下にして横たわらせ、口に針葉樹の枝を咥えさせ、左腹にも枝を置くというもの。仕留めた動物に敬意を払う儀式のような意味合いを持つ。

＊バーテルメ
ケーニヒス湖のほとりの聖バルトロマイ教会の隣に立つヴィッテルスバッハ家の狩猟用別邸（現在はレストラン）のことと思われる。

＊モデナ公爵夫人
（一八二三〜一九一四年）。アーデルグンデ・フォン・バイエルン。

かった。これら林務官の家の厨房では、白ソーセージ、焼きソーセージ、さらに肋肉にジャガイモのピューレを添えたものかリゾットを添えた鶏のラグーといった肉料理を一つ、そしてチーズとバターから成る朝食を私が用意した。私の仕事への慰めに、キジ飼育長が狩りの獲物を一羽くれた。

毎年一二月に摂政は、シュペッサート*で行われるイノシシ狩りに参加した。森の奥にある非常に簡素な宿屋が宿泊所だったが、若き王子の頃も狩りの間、この簡素で地味な宿に滞在していた。後にここに狩猟用の別邸を建てさせた。

ミュンヘン郊外にあるフォーステンリーダー*公園でも何世紀もの間イノシシが飼育され、ルイトポルト摂政公は冬に大きな王室狩猟大会を何度も開催した。雄や雌のイノシシ、子イノシシがずらりと並ぶのを見れば、射手、特に摂政とその二人の息子レオポルトとアーヌルフの射撃の腕前が分かろうというものだった。狩りの獲物は王室の解体壕へ運ばれ、熱した鉄で剛毛を取り除いた。次に体を臀部、腿、肩肉に解体し、若いイノシシ、特に一歳程度の子イノシシは、様々な宮廷の厨房で赤ワインとセイヨウネズに浸け、芳しいローストになって姿を現し喜ばれた。

＊シュペッサート
バイエルン州とヘッセン州にまたがる中級山岳地帯。

＊フォーステンリーダー公園
ミュンヘンの南西、ミュンヘンとシュタルンベルク湖の間に位置する広大な森林公園。

イノシシ狩りの賜物としてとりわけ美味なのは、新鮮な血のソーセージとレバーソーセージだった。食肉加工職人が狩りの日にやってきて、イノシシがまだ温かいうちに血を抜き、固まらないようかき混ぜ続けながら持ち帰る。レバーは王室の厨房へ運び、すぐにソーセージを作る。これには器用さと丁寧さが大いに求められる。だが何度も試作をして上品な香辛料の必要な材料全てが揃ったら、その他どんなジビエの味もこの上品な味わいに並ぶものはない。次の日召使いがレバーソーセージを運び出し、摂政の宮廷、大臣、王室将校、将官たちの屋敷へ届けると、誰もがこの宮廷の名物料理を喜んで受け取った。選帝侯*の時代にもこの習慣があった。もちろんこのソーセージは他の日にも、王室の食卓で供された。

他にも特筆すべきはイノシシの頭である。ナポレオン三世に仕えた二人の料理人、ベルナールとデュボワの有名な料理本*の中に、「イノシシの頭」の見事な挿絵がある。この絵を見ると、王宮の大きな祝宴で芸術的に作り上げられたビュッフェに鎮座するイノシシの頭が、いかに招待客を魅了したかが分かる。王室の厨房は、多くの困難を強いられる調理や膨大な専門知識が必要とされるこのような陳列用料理を、しばしば努力をしつつ成功させた。

＊選帝侯
神聖ローマ帝国（九世紀〜一八〇六年）において、ローマ王の選挙権を有していた諸侯。バイエルンは三十年戦争を機に選帝侯位を得た。

＊有名な料理本
一八五六年出版の『古典料理』のこと。挿絵はコラムXIを参照。

皇帝に仕えて

ルートヴィヒ二世の埋葬後まもなく、皇帝ヴィルヘルム一世がミュンヘンへやってきた。バート・ガスタイン*に滞在しており、いずれにしてもバイエルン王国の首都に寄ったであろうが、滞在予定は短いと知らせてきた。そこで皇帝を迎えるために催さなくてはならない晩餐会を、中央駅内にある王室専用の駅舎*で催すことになり、八コース仕立ての晩餐が予定された。私たちは駅の南館の大きな厨房を全部使い、長時間にわたって細部に及ぶ食事の準備をした。しかし皇帝はひどく急いでおり、晩餐はまもなく終了した。終わるまで一時間もかからなかった。私が皇帝ヴィルヘルム一世を見たのはこれがたった一度きりだった。ヴィルヘルム二世に遭遇したのはその二年後の一八八八年、ニュルンベルク付近で行われた皇帝の軍事作戦のときだった。すでにミュンヘンからシュヴァイナウ*へ向かう間に私には仕事がたくさんあったが、興味深いものを多々見聞きすることもできた。大きな特別列車の厨房が私に委ねられ、ここで私は少なくとも二四人の君

＊バート・ガスタイン
オーストリア、ザルツブルク州にある温泉町。一九世紀には人気の保養地であった。

＊王室専用の駅舎
王室メンバーが出発まで待機したり、駅に到着する客を迎えてもてなしたりする、ホームのそばに設けられた建物。

＊シュヴァイナウ
ニュルンベルクの旧市街の南西に位置する地区。

献立表

1886年7月19日
ミュンヘン中央駅

鳩のスープ
ライン川のサケ　オランダ風
雄牛のフィレの蒸し物　野菜の付け合せ
ノロジカの聖ユベール風
ザリガニのマスタードソース
雄鶏のロースト　レタス添え
ミュンヘン風ラズベリーケーキ
パイナップルの氷菓

ワイン：マデイラ、イケム、シャンパン・モエ・ロゼ、マルゴー（1864年）、シャルツホーフベルガー（1868年）、マラガ

◎ミュンヘン中央駅での晩餐

【鳩のスープ】：鳩は当時は1年を通して食べられており、特に若い鳩が美味とされ、経年した鳩はスープやファルスに利用された。コキジバト、モリバトなどの種類がある。

【聖ユベール風】：明確な定義はないようであるが、狩りの守護聖人聖ユベール（フベルトゥス）の日の11月3日に食べる料理や、赤ワイン、ブイヨンをベースにしたサン・ユベール・ソースをかけた肉料理などを指す。

【シャルツホーフベルガー】：ドイツのワイン生産地の一つザールにある銘醸畑シャルツホーフベルクのワイン。世界最高レベルのリースリングワインが造られる畑として有名。

◎ヴィルヘルム２世（1888年）

主に食事をお作りした。そのうえ特別列車が「軍司令官の丘」*の近くに置かれていたため、演習がよく見えた。

私たちが到着すると、ヴィルヘルム二世はすでに着いておられた。列強の武官たちとともに将官や高位高官の市民に囲まれる中、皇帝は批判の対

＊軍事司令官の丘
敵地がよく見える高台のこと。軍司令官が戦いを観察、監督できるところ。

象となっていた、ドイツ軍がそれまで参加を強いられていたこの大作戦を終了した。

当時私はまだ、二年後に皇帝のお側で働くことになるとは思いもよらなかった。侍従長フォン・マールゼン男爵が私に、ベルリンで職業訓練を終了できるよう、優遇措置を取り付けてくれた。こうして私は一八九〇年に実習生として、後に宮廷料理人として皇室厨房に入ったのだった。この時期の私の思い出は、たくさんの印象で満ちている。その前まで働いていたフュルステンリートとベルリンのコントラストは、事前に思い描いていたものよりはるかに大きかった。

帝国議会がある場所は、省庁、高等官庁、外国大使館、大勢の将官を含め、バイエルンの王室とは全く違った役割、責務があった。また皇帝の居城はドイツ全体の政治、軍事の中心となっていた。これらに付随する機能が、城の内部機能にも影響を及ぼしていたとしても不思議ではない。

城では、国家や様々な代表機関との大きな祝祭が、外交官、軍事関係者、親族との食事と交互に行われた。その豪華さはヨーロッパ中どの王室にも類を見ないものであった。そのような催し物でとりわけ大きな二つといえば、毎年一月一八日に行われる黒鷲勲章授与式と[*]、一五〇〇人分の食器が使われた二つの宮中舞踏会だった。このような祝祭を催すための準備、調達した品々や設備は、その規模と多様さにおいて素人にはもちろん理解できるものではなかった。専門家でさえ困難な課題に直面し、厨房はその最たるものだった。数週間前から準備を開始し、料理の順番を決め、数量や材料を計算しなくてはならなかった。冷菜のビュッフェ用に装飾的な陳列用食器や備品一式をデザインし、それぞれの料理を担当するのに最もふさわしい料理人を選ぶことも必要だった。準備作業のピークは最後の三日間で、およそ六〇人の料理人が昼夜を通して働き続けた。陳列用の料理の芸術的な組み立て、料理の切り分けや飾り付けなど、一人一人から優れた味覚とともに豊富な専門知識が求められた。宮廷の厨房の創作物は、各祝祭の雰囲気に沿うものでなくてはならない。

そのため、三つある城の厨房はほぼ常時稼働していた。本来の城の厨房には最新式の調理コンロや焼き窯、蒸気ボイラー、網焼き・串焼きグリル、機械式洗浄・加熱設備が備えてあり、衛生面も行き届いていた。この厨房は大きな祝祭用の料理の準備に使った。二つ目の厨房はいわゆる主人の厨

＊黒鷲勲章
一七〇一年、ブランデンブルク選帝侯フリードリヒ三世がプロイセンの初代国王フリードリヒ一世として即位するときに創設した、プロイセンで最も位が高い勲章。一九一八年まで存在した。

房で、皇帝ご一家の居住部屋の下にあり、料理用エレベーターでつながっていた。この厨房は、大人数の来客がない限り、毎日朝食、昼食、夕食を作るために使われた。そして三つ目が来客用厨房だ。来客用に使われた城のそでにあり、ほぼ一年中訪問客がいたため、この厨房も常にフル稼働だった。

全く予期しない生き物がこの来客用厨房にやってきたことがある。モロッコのスルタンが皇帝のおもてなしを受けたときのことだ。スルタンはハーレムの一部のほか、宗教の掟を守れるよう、お抱え料理人と調理器具や食器を一揃え持参した。そして生きた雄羊が厨房に連れ込まれると、イスラム教の掟に従って屠畜(とちく)され、串焼きにしてリゾットと油で蒸し煮にしたキュウリを添えて供された。私は調理法を全て覚えて一緒に作業をしようとし、丸一日をそのために確保したが、うるさい騒ぎ声とものすごい煙であまり多くを学ぶことはできなかった。

皇帝の宮廷での公式な食事会は、ミュンヘンの慣例と異なり、献立表はドイツ語で書かれた。外国語の料理名は徹底的にドイツ語に翻訳され、すでにドイツ語に取り入れられている表現も全て排除されていた。Koteletts

〔肋肉〕はRippchenに、Sauce〔ソース〕はTunke、Mayonnaise〔マヨネーズ〕はÖltunke〔油のソース〕、Kompott〔コンポート〕はDunstobst〔果物の蒸し煮〕に変えられた。皇帝ご一家のプライベートの食事では、英国の料理*が多かった。„Bill of fare-book〔献立表の本〕"には、様々な種類のマフィン、スコーン、ポリッジ、パイ、プラムプディング、マトンのステーキなどの他、もちろんハム&エッグがあった。

皇帝、皇后ご夫妻がいらっしゃるときは、とりわけ品数の豊富なメニューが各国の大使との会食においても用意された。料理人の視点から最も興味深かったのは、ロシア大使のシュワロフ伯爵が皇帝ご夫妻に謁見した際の驚くような晩餐だった。選りすぐってはあるが珍しくはない数多くの料理と並んで、なんとヴォルガ川の河口から生きたまま厨房に運ばれた、かの有名なチョウザメがあったのだった。男が二人チョウザメのお供に付けられ、生きたままの状態で目的地へ届けられるよう、チョウザメはヴォルガ川の水に浸けて運ばれてきた。届けられるとまず彼らに数ポンド分のころころとした粒状のマロッソルキャビアが与えられ、他は前菜としてロシアで定番のザクースカ*と共に招待客を喜ばせた。チョウザメ自体は美味な

＊英国の料理
コラムⅪ参照。

＊ザクースカ
前菜を意味するロシア語で、ロシアやウクライナでは多数のザクースカ（複数形はザクースキ）をビュッフェスタイルで食べる。

ハーブを添えてシャブリ〔フランスの白ワインの一つ〕で蒸し煮にし、輝く青い姿にオリーブを飾って供された。

皇帝の居城への入場許可を手にしたことで、特別な機会があるときに私は大国の大使館の厨房へも出入りを許され、外国の料理を学ぶことができた。特にイギリス、フランス、ロシア大使館の料理長は、私のささやかな手伝いを好意的に受け入れてくれた。これは、皇帝ご夫妻がご臨席され、それゆえに料理長に大きな責任が課せられていることを鑑みると、私に寄せてくれた並々ならぬ信頼の証だったのであろう。

コラム……XI

プロイセンの宮廷厨房

ヒアナイスは、ルートヴィヒ二世の死後、弟オットーそしてルイトポルト摂政公の元で勤務した後、一八九〇年二二歳のときにベルリンに移り、即位して二年目のプロイセン王・ドイツ皇帝ヴィルヘルム二世の宮廷厨房に入る。

プロイセンの宮廷は、皇帝一家と皇室のその他のメンバーのものと大きく二つに分かれていた。皇帝および家族の居城はヴィルヘルム二世が選んだベルリン王宮（現在はフンボルト・フォーラム）で、城全体で合計約一二〇〇もの部屋があり、省庁や王室裁判所もこの中に収められていた。

そのような大規模な宮殿であるから、職員の数も多く、ヴィルヘルム二世の在位終盤には、王室管理に従事する全三五〇〇人の職員のうち、五〇〇人が宮廷に勤務しており、そのうち料理人は四〇名、上級侍従長の管轄下には六一七名が働いていた。一年を通して宮廷では、王室メンバーやその他の冠婚葬祭、晩餐会、舞踏会、クリスマスやイースター、カーニバルなどキリスト教の祝祭、回顧録中にある黒鷲勲章授与式といった式典、政府関係者や各国代表、外国からの来賓との食事会など数多くの催しが行われた。

ベルリン王宮の厨房は大きく分けて二つあり、一つは皇帝夫妻の住居が入っていた城前広場側のその地下にある皇帝お抱えの厨房で、五〇〇人までを一度に給仕するキャパシティを持ち、皇帝一家やその賓客、宮廷と側近の料理を担当した。この厨房には菓子工房もあり、大きな催しの際はここに多数の菓子職人が集まり、菓子を作った。厨房の隣には巨大な食品貯蔵室があり、地下の部屋には全て電灯、電話、電動のベル、料理を各部屋へ運ぶための料理用電動エレベーターが設置されていた。

もう一つの厨房は、シュプレー川側のそでに古くからある厨房で、城に住むあらゆる人の料理を担当したほか、前述のような大きな催しの際の料理もここで調理された。一度に四〇〇〇人分を作ることができ、約五〇名の料理人がこの厨房に入り、皇帝お抱え厨房からも料理人が助っ人として投入された。

ヒアナイスは三つ目の厨房があると記しているが、その正確な場所は定かではない。ベルリン王宮は一八九〇年代、大規模な改築が行われ、一八九四年以降、城内には北西側のそで、白の間の下に皇帝の賓客用のアパートが複数加えられた。この北西のそでの地下には配膳室があったとされ、ヒアナイスが働いていた時期や回顧録の説明からこれが「来客用厨房」であると推察することもできる。

ヴィルヘルム二世は、プロイセン王子フリードリヒ（後のドイツ皇帝フリードリヒ三世）とイギリス王女ヴィクトリア（ヴィクトリア・アデレード・メアリー・ルイーズ、ヴィクトリア女王の長女）の長男として生まれた、ドイツ最後の皇帝である。

一八九〇年、宰相ビスマルクは辞任に追いやられ、それ以降ヴィルヘルム二世が退位する一九一八年までの統治時代をヴィルヘルム時代と呼ぶが、この時代ドイツには、技術、科学、工業の進歩による好景気が訪れた。ヴィルヘルム二世自身は世界で五本の指に入るほどの資産を持ち、ヨーロッパ内の比較では、プロイセン君主の年間国家予算が最も高く、宮廷予算は国家機関を凌ぐほどであったとい

ベルリン王宮

う。イギリス王室の予算でさえ当時のヴィルヘルム二世の個人資産の半分だった。

それほど裕福ではあっても、ヴィルヘルムは個人的にはどちらかというと庶民的でシンプルな食事を好んだという。先述のような会食におけるいくつものコースからなる贅沢な食事、高級食材やワインなどは、皇帝の権力を誇示し、各階層とのつき合い、政治や外交のツールとして利用されたものだった。

一八世紀のプロイセン国王で、フランス文化を愛したフリードリヒ大王はフランス人料理人を抱え、フランス語を話すことを好んだほどであり、前皇帝フリードリヒ三世の時代まで宮廷の献立表はフランス語で書かれていたが、ヴィルヘルム二世は全てドイツ語表記にすることを命じた。

先述のとおり、ヴィルヘルム二世はイギリスのヴィクトリア女王の娘である同名のヴィクトリア皇后を母に持ち、英語を話して育った。こうした結びつきから、ヒアナイスが書くように皇帝一家の食卓にイギリスの料理が登場した背景が見て取れる。

ヴィルヘルム二世は食べるのが速く、一二のコース料理を一時間で食べ終えたともいわれている。皇帝が食べ終えると臨席した全員も同時に食事を終えなくてはならないため、出席者にはあらかじめ軽食などを済ませてくるよう勧められていた。

ちなみに、現在では一般的だが、コース料理を一品ずつ順番に出し、一人分ずつ取り分けてサーブされるのがいわゆる「ロシア式サービス」で、寒いロシアでは料理が冷めないよう、この方法が取られていた。一方フランス宮廷などでは料理を一度に全て食卓に出し、豪華さや華やかさがもてはやされていたが、回顧録に登場するフランスの料理人ユルバン・デュボアがその料理本によってロシア式サービスを西欧に広めたとされる。デュボアは有名な料理人アントナン・カレームを師にもち、オーギュスト・エスコフィエを弟子とした。ロスチャイルド家で修行を始め、ナポレオン三世に仕えた後、一八六〇年から一八八〇年までプロイセン王・ドイツ皇帝ヴィルヘルム一世の料理人を務めた。台座に載せ見事に飾り立てた料理でも知られ、一四三頁に出てくるイノシシの頭の料理は見事である。


（森本智子）

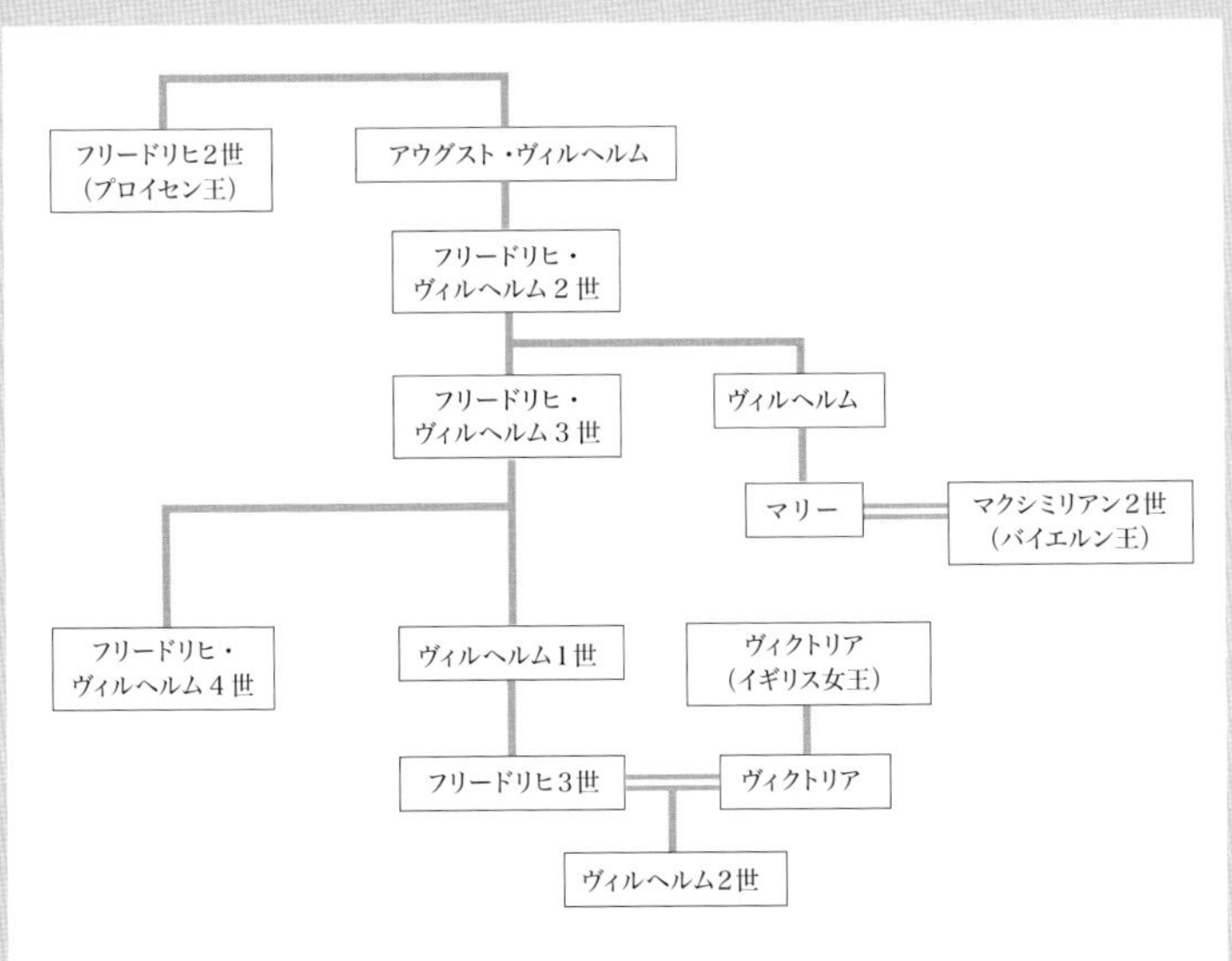

ヴィルヘルム２世周辺の系図

ユルバン・デュボワの著作に登場するイノシシの頭を使った料理

別れ

ベルリンでのこれらの思い出や、八四歳の私が今まで経験させてもらえた全てのことも、我が王ルートヴィヒの厨房で学んだ時期を忘れさせることはできない。今日でも私はしばしば山小屋や城、宮殿での夜を思い起こさずにはいられない。ゴンドラの池の下にあったじめじめした私の部屋、そしてオルゴール。王の死後、最後に一度だけ鳴らしたことがある。ベルク城の本営が解かれ、王の死亡に悲嘆に暮れ取り乱していた使用人たちは皆、ミュンヘンのレジデンツに呼び戻された。市民全体が宮殿前で愛するメルヘン王に別れを惜しんだ。長い間その姿を見ていなくとも、皆どれほど深く王を敬愛していたかが改めて感じられた。ルイトポルト摂政公が政府を引き受け、葬儀式典の準備が進められ、やんごとなき人々が大勢参列を申し出た。悲しみの真っ只中で宮殿中が混乱していたが、宮殿に宿泊する来賓が次々に到着した。高貴なゲストのご希望に応えるべく、厨房では夜間勤務を入れ、私から開始した。しばらくぶりに大きな丸天井のある宮

殿の厨房で、私はふたたび腰を下ろした。一人きりで、宿泊部屋から召使いが客の注文を携えてくるのを待ちながら。

最後の数日間の動揺と、極めて骨の折れる仕事、この後どうなるのだろうという不確実さへの不安、そして政権の交代が何をもたらすのか、私の神経は緊張を極めた。くたびれ果て、動揺しすぎて安静が必要だった。苦痛な面持ちで、私は最後の数週間に起こった出来事の画像を見た。ノイシュヴァンシュタイン城、不幸な王が飛び込もうとしたペラト川渓谷、ヴァーグナーの作品を賛美した歌い手の広間、鍵が紛失した塔、看守が隠れていた壁のくぼみ、ベルク城、湖――これらから解放されたかった。ふたたびオルゴールに手を伸ばす。押し殺すような静けさの中に音が鳴り響いた。

「最も愛するものとの別れは、きっと神のご助言なのです！」*

王が私のオルゴールを聴いたあのときのように、また中断しなくてはならないだろう。近侍のマイアーの代わりに今度はツァンダースが階段を駆け下りて来る。

「ヒアナイス！　どうかしてるのか？　すぐそこのチャペルに陛下のご

*最も愛する…
《神のみ旨によって》（本書四六頁参照）の一節。

遺体が置かれているというのに、ここで音楽をかけるとは」

無言のまま私はオルゴールに手を伸ばし、その動きを止めた。自分自身のために鳴らしたのはこのときが最後だった。

◎ミュンヘンの聖ミヒャエル教会に安置されたルートヴィヒ２世の棺

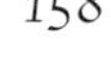

解題

ルートヴィヒ二世の「世界」の背景

皆川　卓（山梨大学教育学部教授）

本書は、一八六四年から一八八六年まで在位したバイエルン国王ルートヴィヒ二世（一八四五－一八八六）の料理人ヒアナイスから見た、晩年の王の生活の記録である。「メルヘンの王」「狂王」と呼ばれた彼の名は、歴代バイエルン君主はもちろん、ドイツの君主全体の中でも第一級の認知度であり、そのイメージはバイエルンのフュッセン郊外にあるノイシュヴァンシュタイン城に支えられている。日本でのこの王のイメージ形成を促したもっとも重要なメディアは、一九八〇年に短縮版で上映されたルキノ・ヴィスコンティの映画『ルートヴィヒ』（一九七二）であろう。実は一九五五年にドイツの映画監督ヘルムート・コイトナーが彼の生涯を描いた『ルートヴィヒ二世』を制作し、一九六五年にはテレビで各家庭でも視聴されたのだが、こちらは日本では未紹介で、ほとんど影響を与えていない。邦訳のあるジャン・デ・カールやマルタ・シャートの伝記的小説も、彼にまつわるミュージカルや漫画も、おおよそヴィスコンティの映画のイメージを踏襲したものになっている。それらと彼の生前の眉目秀麗な肖像写真や、さらにそれを理想化した肖像画によって、また彼の在位の間の一八七一年、バイエルン王国がドイツ帝国の主権の下に組み込まれたことによって、日本では「歴史の歯車に飲み込まれ、悩み、狂気を発して失脚し、悲劇的な最期を遂げた青年君主」というロマンチックな人物像が広く受け入れられている。

しかしこれらのイメージの元にあるヴィスコンティの映画が、ドキュメンタリーではなく、滅びゆく貴族文化の輝きを担った人物の葛藤を表現することを目的とした芸術作品である以上、この目的に即した解釈や情報の選択、あるいは表現の誇張も交えられていることは当然である。それは裏を返せば、ルートヴィヒの本当の姿をどこまで捉えているのか、あるいは捉えていたとしても、それをどこまで「狂気」とか「退廃的」といった個人の能力や趣味に帰することができるのか、十分な検証がなされていない、ということでもある。もちろん彼に対する関心が一〇〇パーセント「夢の王子様」のイメージに対するそれであったとしても、問題があるわけではない。しかし精巧なフィクションが巷間にあふれていても、それが人々を決して満足させない現代、彼の行動がいかなる背景のもとで生み出されていたかを、史実に即して考えた人だけが、フィクションからは知り得ない彼の魅力の奥行きの深さを知ることをできるだろう。

ドイツでは二〇世紀初頭のベームに始まり、エーファース、ヒュットル、シュパンゲンベルク、ヘーフナー、ヒルメスなど、多くの郷土史家や伝記作家が、その時代の歴史学の水準に基づいて、史料から読み起こした実証的なルートヴィヒ二世研究を著している。しかしビスマルクやヴィルヘルム二世、あるいはフランツ・ヨーゼフ一世やエリザベートと違い、「ドイツ」「フランス」「オーストリア」といった主権国家の単位で人物を語る日本の西洋史研究から、彼についての本格的な知見は聞こえてこない。これに対し本書であるヒアナイスの回顧録は、ドイツにおけるルートヴィヒ二世の実像に対する新たな関心の中で注目され、版を重ねている一級の史料で、その邦訳は日本におけるルートヴィヒ二世の実像を垣間見せる初めての試みである。

先に本書を通読された読者は気づかれたように、ルートヴィヒは現代市民社会の私たちから見れば、コミュニケーション能力の欠如した人間でも、他人を傷つけることを喜ぶ反社会的な人間でも、酒池肉林に浸る堕落した人間でもない。むしろ心理学や精神医学が発達した現在では、こうした荒っぽい形容自体が、正確な理解を妨げる不適当なものとなっている。現代でも時間や財力に制約されているだけで、ヴァーグナーの音楽や建築物への情熱において彼にひけを取らない人々は、世間にいくらでもいる。孤独を愛する人、昼夜逆転した生活を送る人、時折イライラしてそれを第三者にぶつける人もいる。たしかにこうした行動が重なると、そうした人は世間から怪しまれ、「変人」扱いにはなるかもしれない。しかし本書の証言者ヒアナイスが、王の気まぐれや孤独への執着、好悪の感情の露出に戸惑いながらも、畏敬の中にその人格に対する敬意を抱くように、それは「立派だが気難しい」程度のレベルである。今に残る彼の写真の視線が全て撮影者を見ていないことすら「狂気」の兆候と理解する文献もあるが、これも対人恐怖症の傾向がある人によく見られるありふれた現象である。

彼が「狂気」「退廃的」であるという理解の根拠は、ヴィスコンティの映画で強調されていた独身と同性愛的傾向、ヴァーグナーへの音楽への異常な情熱のほか、本書でも度々言及される人前に出ることを避けた生活と孤独の偏愛、王一人のために用意された豪華な食生活、席の温まる暇もない山岳の山荘巡り、そして飽くことのない城館建築熱であろう。しかし権威や権力、財力といった要素から離れ、例えば自分のためだけの演奏をオーディオに、頻繁な山荘巡りをトレッキング趣味に、城館建築熱を模型趣味に置き換えてみれば、この程度の「変人」は世間で普通に社会生活をしている。現代の精神医学では、パーソナリティ障害の兆候とすらとらえられないだろう。本書の証言者ヒアナイスも、彼の行動を自分の知らない高貴な人々のそれとは考えているが、彼の頭がおかしいという風評については全く懐疑的である。彼の「狂気」「退廃」は、一昔前の「近代」、すなわち彼が生きた一九世紀後半から二〇世紀の西欧において市民層、特に教養市民層が作り上げてきた「市民らしさ」（すなわち結婚と異性愛、内面とは関係ない社交性、定住性と一つの住居への愛着、芸術への通り一遍の愛好など）の観念とは対極にある彼の行動をとらえた評価にすぎないのではないだろうか。ヴィスコンティはそうした評価と彼の生涯を対照させることで、彼に向けられた評価基準の俗物性や文化への無気力を批判することを目指したのだろうが。

同性愛を禁ずるキリスト教のもと、世襲自体が権威を生み出し、また自分を見せることでその権威を確認させる王朝的な伝統社会では、ルートヴィヒの振る舞いは確かにマイナスであろう。しかしそれらは、ルートヴィヒの死に直結した一八八六年六月の彼の「押し込め」（ドイツ語でエントミュンディグング。日本語では「禁治産」とも訳され、対象者の決定権を後見人に移すことで、廃位ではない。彼が王位を保ったまま叔父ルイトポルトが摂政となったのもそのためである）の原因になったわけではない。特にヴァーグナーへの支援は、人心への影響はともかく財政の上では、ルートヴィヒの破滅とは関係がないことが分かっている。ヴァーグナー関係の支出は、一六年間にヴァーグナー本人へ行った五六万マルクへの支援に加え、彼の「バイロイト祝祭劇場」への支援に五〇万マルク、自分一人のためにしばしば上演させたオペラやコンサートのために概算一〇〇万マルク程度で、合計しても約二〇〇万マルク、年あたりにすれば約一三万マルクにすぎない。城館建設、すなわちリンダーホーフの約八五〇万マルク、ノイシュヴァンシュタインの約六〇〇万マルク（最終的には約一〇〇〇万マルク）、ヘレンキームゼーの約三〇〇〇万マルク（当初計画）に比べれば、問題にならない支出である。現在の定説では、ルートヴィヒの「押し込め」の原因は、ヒアナイスの記事にも登場するように、彼の城館建設熱の結果生じた王室財政の破綻と、その国庫への転嫁に対する当時のルッツ内閣の政治的反撃であり、それ以上でも以下でもない。後述するように当時のバイエルンは立憲君主制で、地主貴族や高級官僚、ミュンヘンを中心とするブルジョワジーが主導し、国王の権威を通じて庶民、すなわち農民や個人事業者・職人層（ヒアナイスはこの階層出身である）を従わせていた。しかし一八八〇年代には本文に登場するように、赤旗に象徴される社会主義思想を持つ人々の運動が活発になり、政府は庶民の反感を煽りやすい国王の浪費に神経を尖らせていた。ルートヴィヒの「押し込め」は革命ではなく、むしろ体制を守るためのクーデタであった。

私たち現代日本の読者が、背景を知らずにこの事実だけから判断すれば、ルートヴィヒは単なる世間知らずとしか言いようがない。しかし重要なのは、破滅へとつながったルートヴィヒの城館建築熱がなぜここまで高まったのか（言い換えれば彼はなぜこのような「夢」を見たのか）である。それを理解するには、やはりバイエルンという国家のあり方や、一八七一年以降その上に君臨するようになったドイツ帝国の政治的背景を知る必要がある。しかし日本の世界史で学ぶこの頃のドイツの歴史といえば、ビスマルク外交や文化闘争といったドイツ帝国のできごとが中心で、ルートヴィヒの失脚と死などは一スキャンダル扱いでしかない。ドイツ帝国に併合された時点でバイエルン王国は事実上滅亡し、ルートヴィヒもバイエルン議会も内閣も単なる飾りで、ルートヴィヒはビスマルクから年金をもらって生活したと認識している人もいるのではないだろうか。仮に彼が日本の「廃藩置県」後の旧大名のように「年金生活者」になったと認識したとしたら、それは完全な誤解である。そもそも年金生活者であれば、王室費を巡る議会との争いなど起こりようがない。王室費を巡る議会との争いは、国家財政と王室費が一体化していた前近代の「身分制国家」の名残であり、初期の立憲君主国に特有の現象である。ドイツ帝国の成立によってその一支邦に格下げされたとはいえ、バイエルンはなお一つの国家であり、ルートヴィヒはその国の国王であった。もちろんプロイセン君主がドイツ帝国の長として他の支邦を支配していることは、同時代人にも難問であった。当時の国法学者イェリネクは、「ドイツ帝国は一応プロイセン王をドイツ皇帝とする連邦国家だが、本当のところはプロイセンが他の支邦を従属国として従えているだけ」という主旨のことを述べている。誤解を招くかもしれないが、当時のドイツ帝国は、徳川幕府と明治憲法下の日本の中間的な（あるいは二重の）状態と考えていただけるとイメージをつかめるかもしれない。「将軍」（皇帝）を兼ねているトップの「藩主」がプロイセン王で、そのもとに全国から一定の制限選挙を経て「帝国議会」が招集され、将軍と共に立法権や予算審議権を持っているが、それと並んで他の「藩」もその政権もしっかり残り、プロイセン王に続く第二位の「藩主」がルートヴィヒというイメージである。

ルートヴィヒのバイエルン王国は、一八〇六年の「神聖ローマ帝国」の解体に伴って、形式上その封土（日本の「藩」）であったバイエルンが「主権」を獲得して生まれた国である。とはいえ国家としての実体は、すでに神聖ローマ帝国の封土の時代から、ヴィッテルスバッハ家が治める「バイエルン公国」「バイエルン選帝侯国」として、成長を続けていた。後述するように、ルートヴィヒの行動を強く規定した宮廷文化も、この時代に形作られている。選帝侯マクシミリアン四世あらため国王マクシミリアン一世となった初代国王は、ルートヴィヒの曾祖父にあたる。彼は有能な宰相モンジュラを右腕とし、内政改革を彼に委ね、巧みな外交的立ち回りによって、ナポレオンのヨーロッパ支配からその没落にかけての激動を生き延び、一八一五年の「ウイーン議定書」で、三五〇万人の人口を抱える国家となった。その人口はオーストリア＝ハプスブルク家の二二〇〇万人、プロイセンの八〇〇万人には及ばないものの、当時のスイスやポルトガル、デンマークをはるかに上回り、ノルウェーと合併したスウェーデン王国に匹敵する。一八〇八年には暫定憲法を、一八一八年には恒久憲法を制定し、封建的特権の廃止と制限選挙に基づく議会、国王に立法権の一部と行政権を集中する国制を定めた。おおざっぱに言って、天皇を主権者とする明治憲法の日本に近い体制と考えて良いだろう。軍事力もあり、王国成立当初は総兵力三万人程度であったが、一八五〇年代には八万近くに達している。これは当時のプロイセン軍の半分弱で、この直後にイタリア統一を成し遂げたサルデーニャ王国の総兵力に匹敵する。

それにもかかわらずこの主権国家バイエルンは、すでに一六世紀の神聖ローマ帝国に起こった宗教改革以降に徐々に広がり、ナポレオン支配のもとで一挙に台頭する「ドイツ」というより大きなアイデンティティにとらわれていた。すなわち同様の君主国群からなる「ドイツ連邦」の一員とされ、共同防衛を担う義務（ブンデスインターヴェンツィオン）を負っていたのである。ドイツ連邦の指導者は議長のオーストリアと副議長のプロイセンであり、その両国がドイツ連邦を支える以上、バイエルンが自分の軍隊を使って領土を広げることなど不可能だった。当時の外交の中心は軍事だったから、軍事の制約は外交の制約にもなる。縦横無尽の外交を繰り広げてイタリア統一を達成したサルデーニャとは違い、バイエルンはドイツ連邦を無視して他の欧米列強と軍事同盟を結ぶこともできなかった。バイエルンができたのは、通商や民事にかかわる協定の締結だけである。つまり最初からバイエルン王国には、軍事と外交を制約するドイツ連邦の枠に封じ込められ、「ドイツの一部」というイメージがつきまとっていた。ルートヴィヒに先立つ四代の国王（マクシミリアン一世、ルートヴィヒ一世、マクシミリアン二世）は、この「ドイツ」という枠組みを否定することなく、自国のアイデンティティを模索した。

当時のヨーロッパ文化の中心であったフランスは、一八世紀後半の「啓蒙思想」や「フランス革命」の反カトリック教会・反王権的な立場から、「自由」「民主的」な社会と考えられていたギリシア・ローマの古典古代文化を称え、自らその文化的後継者をもって任じていた。一方「ドイツ」固有の文化を求める「ドイツ連邦」の支配層や文化人は、ギリシア・ローマ的な「古典古代」文化に対する中世ゴシック的な文化こそ、自分の歴史に根ざす伝統文化であると主張するようになる。バイエルン王国の「自分探し」は、その両極の間を揺れ動いていた。

王国となる前の一八世紀まで、バイエルンは神聖ローマ帝国の一諸侯国「バイエルン選帝侯領」と呼ばれていたが、その最重要課題は、神聖ローマ皇帝位を持つ隣国ハプスブルク家から自存することであった。この時代はまだ国家は君主の所有物という認識だったから、君主家が断絶するなどして主筋である皇帝ハプスブルク家に召し上げられてしまえば、一巻の終わりである（皇帝はさまざまな慣習法に縛られ、江戸時代の大名ほど簡単には取り潰せなかったが、それに対する恐怖はあった）。一七世紀半ばにハプスブルク家のウィーンの宮廷が「バロック文化」を宮殿建築に採用し、自分の宮廷の権威を高めるようになると、バイエルンの君主たちは、その権威に屈しないよう、ハプスブルク家のライバルであるフランス国王ルイ一四世の宮廷文化、特に城館建築を積極的に取り入れる。この傾向は、内には絶対君主として振る舞い、外にはヨーロッパの権力闘争に加わり、選帝侯国最盛期の君主と見なされた一七世紀末から一八世紀半ばのマクシミリアン二世エマヌエルとカール・アルブレヒトの親子の治世で顕著で、ミュンヘン郊外の離宮ニンフェンブルクやシュライスハイムの造営や、ミュンヘンの本宮殿レジデンツやニンフェンブルクを飾った「ロココ様式」のインテリアはその産物である。これらの建築を指揮したハフナーやキュヴィエなどの建築家も、ルイ一四世の建築学院で学び、その技を身につけ、バイエルン独自のスタイルに発展させていった。ルートヴィヒが育った城館建築は、ほぼこの時代に整えられている。彼一人を観客としてヴァーグナーのオペラを上演したミュンヘン宮廷劇場も、カール・アルブレヒトの息子でモーツァルトを招いた選帝侯マクシミリアン三世ヨーゼフが一七五四年に完成させている。これらの宮廷生活で供される食事が豪華なフランス風の料理であるのも、ヴェルサイユに倣ったものであり、その目的もヴェルサイユと同様で、バイエルン君主の威厳を示すためであった。ヒアナイスの叙述からもその伝統は受け継がれていることは明らかで、準備された料理のうちわずかしか手をつけないのは、フランス宮廷のマナーである。料理の内容を見ても、食材で言えば家禽類とロース、調理法で言えばパテや詰め物、オムレツなど、明らかにフランスのものが多い。同時期のドイツ語圏の君主、たとえばハプスブルク帝国のフランツ＝ヨーゼフ一世も、宮廷ではこれに負けない豪華な食事を供していたが、私的な食事ではシュニッツェル（子牛肉のカツレツ）やグーヤシュ（パプリカのシチュー）など庶民に近い食生活をしており、この差がルートヴィヒの「贅沢」とされる所以である。ただしフランス宮廷の伝統を受け継ぐパリの上層ブルジョワなどは、これに近い贅沢な食生活をしており、ルートヴィヒが突出して贅沢好きであったというよりも、フランス由来の宮廷文化の伝統を守っていた、あるいはそれを復活させたというべきだろう。

一八世紀のバイエルンにおける全歳入約四〇〇万グルデンのうち、実に一〇〇万グルデンがこのような宮廷の消費、特に建築に支出されていた。ちなみに残り三〇〇万グルデンの大雑把な内訳は、一〇〇万グルデン程度が官僚俸給をはじめとする行政費や慈善事業を含む教会関係の支出、一〇〇万グルデン弱が軍事費で、残りの一〇〇万グルデンが債務償還費である。二五パーセントが宮廷費というのは、神聖ローマ帝国の諸侯国では珍しいことではなかった。それは一つにはこれらの諸侯国の君主が、自分の国家を未だに自分の世襲財産のように考えていたこと、そしてもう一つには、これら弱小の諸侯国が軍事に力を入れても、大国に利用されたり危険視されたりするだけで意味がなく、むしろ君主の権威を示して臣民の忠誠心を喚起し、外国の高い評価が得られる宮廷での豪華さの演出の方が、意味があると考えられていたためである。したがってバイエルンでは宮廷の支出の節倹はほとんどなく、戦争などがあるたびに債務が膨らんで、バイエルン王国の成立直前には歳入の八倍にあたる三〇〇〇万グルデンという途方もない債務の山に埋まっていた。バイエルン君主が宮廷文化、とりわけ建築を政治の重要な一部と考える伝統は、この時代に築かれた。

ではなぜその後のバイエルン君主にはルートヴィヒほどの城館建築熱が見られなかったのか。それは城館建築で君主の権威を誇示することが、一八世紀後半以降国家の私物化のように見られるようになり、敬遠されるようになったからであろう。先述のように一八世紀後半になると、宮廷文化の発信地フランスでは、教会の権威に代わって市民の理性を尊ぶ「啓蒙思想」が盛んになり、権威主義的なバロック文化は徐々に陳腐なものとなり、理性の時代とされたギリシア・ローマの古典古代文化をそのままの形で再現することへのこだわりが生まれた。その影響を受けたのが、一九世紀のバイエルン君主たちである。ルートヴィヒの曾祖父である初代国王マクシミリアン一世は、中世から続くバイエルンの選帝侯家が一七七七年に絶えたのち、分家であるプファルツ選帝侯国のさらに分家から、相続を重ねてバイエルンの君主位にたどり着いた極小諸侯出身の人物であった。彼はバイエルン君主になる前、財政的理由からフランスの宮廷に出仕し、ルイ一六世が代父（洗礼の際の証人）となった息子（ルートヴィヒにとっては祖父）のルートヴィヒ一世共々、青少年時代にフランスの文化的傾向の中で育った。そのためこの二代はギリシア・ローマ文化の研究と模倣に傾倒した。彼らは親子で多少傾向が異なり、選帝侯から初代バイエルン国王になったマクシミリアン一世がフランス直輸入のローマ文化の愛好家だったのに対し、二代目のルートヴィヒ一世はギリシア文化の熱烈なファンで、ギリシア研究所やギリシア彫刻の膨大なコレクションを築いてギリシア化を推進した。のみならず彼はバイエルン君主家の伝統である建築熱を、自身の宮殿ではなく、自身の首都ミュンヘンの都市改造に振り向ける。彼は建築家レオ・フォン・クレンツェを登用して、中世以来の「旧市街」の北に古典古代様式の公共建築群からなる広大な街区を設け、ミュンヘンを「北方のアテネ」と呼ばれるほどの都市にする。一八三〇年に列強の思惑に乗る形で、息子オットーを初代国王オソンとし、オスマン帝国から独立したギリシアへ送り込んだのも、その延長である（バイエルン王家はごくわずかだが、ギリシアを支配した東ローマ帝国の皇帝の血筋を引いている）。もっとも伝統的な宮殿ではなく公共建築にしたところに、君主の所有物と見なされた諸侯国の時代とは違う「立憲国家」の君主の姿勢が現れている。

ただしフランス由来のこの古典古代趣味は、フランスでは市民の理性や共和政治、民主主義、あるいはその理念の実践であるフランス革命やその体現者としてのナポレオンを飾るために用いられたのに対し、バイエルンでは全く意味合いが違っていた。それはバロック時代同様、理想的な文化の後援者としてのバイエルン王家を称えるのに使われたのである。ミュンヘンが例えられた古代アテネといえば民主政治のシンボルであるが、彼らはその古典古代文化に民主的な意味合いを持たせることを慎重に避けていた。これは相前後して古典古代文化に凝りだしたバイエルンのライバル、すなわちプロイセンのベルリンやザクセンのドレスデンでも同様であった。ドイツの君主たちの間では、民主主義を受け入れるくらいなら自国の独立性を放棄する方がまし、という認識が一般的で、古典古代文化は各君主国の独自性を称えるのではなく、その上にある「ドイツ」の偉人たちの権威を称え、自分たちの「ドイツ」に対する貢献を誇示するために使われた。ルートヴィヒ一世によって古都レーゲンスブルクの郊外に建てられた偉人たちの神殿「ヴァルハラ」もその例である。ここで記念されているのは、「バイエルン」ではなく「ドイツ」の伝説上・歴史上の重要人物である。もっともこの「ドイツの偉人」とは「偉大な」ゲルマン系言語の話者を片端から集めた観があり、現在ではドイツ人に入らないコペルニクスやヤン・ファン・エイクなども祀られている。ルートヴィヒ一世によれば、ここに祀られる資格とは、「ドイツ語（現在のドイツ語ではなくゲルマン系諸言語）を話す人々」であった。しかもこの「神殿」は、「ドイツ民族」ではなく「ドイツ連邦」に捧げられ、それが解散された場合、バイエルンの手に戻されることになっていた。バイエルンこそが国であり、ドイツは同じ言語文化を持ち、バイエルンをはじめとするドイツ連邦の構成国に支えられている文化圏（民族）、というのがバイエルン国王の認識だったのである。それは息子のマクシミリアン二世にも、孫で祖父に可愛がられたルートヴィヒ二世にも共有されていた。回顧録本文中にはヒアナイスがルートヴィヒ二世から「ドイツ風」と銘打たれた料理を「バイエルン風」もあるのか問いただされ、彼がそれを論理的に否定すると、その答えに満足し、上司も「正しい答えだった」と褒める場面が登場する。これはまさしく、バイエルンに受け継がれた国家としての自認識が背景にあってのことである。

もっともシンボルとしての古典古代文化が体現している共和政治・民主主義のメッセージを人為的に取り除くのは、長期的には無理であったことは間違いない。一九世紀前半の中等教育や書物メディアの普及にともない、ギリシアの歴史を学んだバイエルンの上層市民や中産階級は、ギリシア風の街並みの中に、君主の偉大さよりも民主主義の栄光を見いだすようになる。ルートヴィヒ一世の専制的な支配は彼らの不満を引き起こし、一八四四年にはビール税を巡る大規模なデモとなって噴出していた。国王がアイルランド生まれのダンサーであるローラ・モンテスを寵愛し、一八四七年にバイエルン国籍とミュンヘン市内の宮殿、一〇万グルデンの遺贈と年三〇〇〇グルデンの年金を約束したことは、国家の私物化として彼らの不満に火をつけ、国王は内閣からも官僚からも愛想を尽かされた。一八四八年二月、国王は自らを批判するミュンヘン大学に圧力をかけ、ローラに暇を与えてその地位を維持しようとしたが、「パリ二月革命」によるフランス王政廃止の報とミュンヘン市内の暴動に直面した彼は、王政を守るために言論・結社の自由や選挙権の拡大を約束し、息子マクシミリアンに王位を譲る。これがルートヴィヒの父であるマクシミリアン二世である。新国王はなお首相の任命権を保持したが、バイエルンは事実上政党政治となり、その内閣は国王よりも世論の動向によって動くようになった。この政変の直前の一八四五年に生まれたルートヴィヒ二世の青少年期は、バイエルンの君主権が縮小し、政党政治へと変化する時代であり、日本の歴史に例えると「大正デモクラシー」の時代に似ている。これがのちのルートヴィヒを失脚させた国王と内閣の力関係の背景にあった。

一八一一年生まれの父マクシミリアン二世は、ギリシア・ローマ的な古典古代文化に薫陶された前の二代の国王とは違い、物心ついた時から、この文化に対する対抗心から生まれた「ロマン主義」文化の影響を受けていた。ロマン主義の題材は、中世の騎士道（封建道徳）や吟遊詩人の謡う英雄たちの物語を称えるものが多く、ヨーロッパ共通の歴史として受け入れられてきたギリシア・ローマのそれに対し、ローマの崩壊後にヨーロッパ各地で起こった中世諸王国の歴史的文化と見なされ、その時代の文化様式である「ロマネスク様式」や「ゴシック様式」、特に古典古代の復興を目指したイタリア・ルネサンスにおいて前時代的な遺物とされた「ゴシック」が、それぞれの国民文化の表現として「リバイバル」を遂げたのである。実際には中世の王国がそのまま一九世紀の国民国家の枠組みとなったのはフランスくらいで、ゴシックもヨーロッパに広く普及した様式であったが、イングランド王国はイギリス（大ブリテン）と、カスティーリャ王国はスペインと、そして神聖ローマ帝国はドイツと読み替えられ、それぞれの固有の「ゴシック」が、現在につながる国民文化の基礎と考えられた。当時のドイツ連邦諸国の他の君主たちもこの文化に引きつけられ、それぞれ自国の建造物を「ドイツ」らしい「ゴシック」で作らせている。プロイセン王フリードリヒ＝ヴィルヘルム四世は自国最大の教会施設であるケルン大聖堂を、現在に見るゴシック様式の姿で「完成」させ、南ドイツの飛び地のヘッヒンゲン城の廃墟の上に、ゴシック様式の壮麗な城館を建てさせている。メクレンブルク＝シュヴェリーン大公、ザクセン＝コーブルク＝ゴータ公も自分のためにゴシック様式の城館を造営している。これらの城館は「中世の再現」という観点から、中世の城館の廃墟の上に建てられることが多かった。幼少期から中世の歴史を好み、ミュンヘンはもとよりベルリンやゲッティンゲンの大学にも通うほど凝ったバイエルン国王マクシミリアン二世もまた、王太子時代からゴシック建築に魅せられ、祖父が売り払ったゴシックの古城を買い戻してリニューアルした。これが、ルートヴィヒが少年時代から親しんだ「ホーエンシュヴァンガウ城」である。

マクシミリアン二世が継いだのは専制君主の地位ではなく、多数党に組閣を命じ、それと協調しつつ議会を操る初期立憲君主のそれだった。王室の領地はまだ多かったが、税収は議会に抑えられ、王室費も議会で決定されたから、王室領地の収入を上回る支出は議会に頼らなければならなかった。外交と軍事は、相変わらず「ドイツ連邦」に抑えられていた。マクシミリアン二世はこの現実を受け入れ、王室に好意的な保守派の首相プフォルテンをはじめとする内閣や官僚、学者と相談して決定する慎重な態度に終始する。その一方中世史を好んだ彼は、王室用にホーエンシュヴァンガウのような小規模なゴシックの城館を多く造営した。彼の息子であったルートヴィヒ二世は、少年期の多くをこうしたゴシックの小城館で過ごしている。父マクシミリアン二世はこの私的な空間で静寂の中を過ごすのを好む人物であり、これも子に影響したと言えるかも知れない。マクシミリアン二世が建てさせた大規模建築はただ一つ、ゴシック様式の「マクシミリアン兵舎」であり、これは軍事強化策の一環でもあった。プロイセンでは一八六一年にヴィルヘルム一世が国王に即位し、ビスマルクが首相となって大軍拡を開始すると、プロイセンとオーストリアという地域覇権国の間に中小の国家が併存し、フランスが外からそれを支えている「ドイツ連邦」の仕組みは崩れ、ドイツ統一を目指すプロイセンと、それを阻もうとするオーストリア、フランスの二大国の対決という構図が露呈し、バイエルンの独立も急速に揺らぎ出す。

こうした情勢の中で一八六四年、五二歳のマクシミリアン二世は急逝し、本書の主人公であるルートヴィヒが一八歳で国王ルートヴィヒ二世として即位し、プロイセンによる（つまりバイエルンの滅亡ないし従属を意味する）ドイツ統一運動という難題が降りかかる。即位二年後の一八六六年には、プロイセンの挑発によってオーストリアがプロイセンに宣戦する「普墺戦争」が勃発する。バイエルンでは「ドイツ連邦」支持の立場からオーストリア側に立つが、オーストリアはプロイセンに敗北し、オーストリア側に立った諸国がプロイセンに征服される中、バイエルンは国王ルートヴィヒの判断で敵軍の本格的な侵攻前に停戦し、独立を全うすることができた。わずかに戦争に巻き込まれた王国北部のフランケン地方にも時を置かず慰問に訪れ、その不満を素早く収集している。一八七〇年の「普仏戦争」ではフランスとの戦争を「ドイツの戦争」と捉え、プロイセンの意を迎えて派兵すると共に、勝利によってドイツ統一が果たされる場合には、プロイセンとバイエルンでドイツ皇帝の位を相互に継ぐという強気の提案をした。周知の通り結果は、一八七一年のプロイセン王単独によるドイツ皇帝即位で、ナンバーツーであったバイエルンはその音頭取りをさせられる羽目となったが、この協力の見返りとしてバイエルンはドイツ帝国内の「王国」として、外交以外の国政上の権限を保証される優遇を受けた。これはバイエルンにとって望みうる最高の「ソフトランディング」であり、若さによる政治的経験の不足にも拘わらず、こうした結果に導いたルートヴィヒの外交感覚は優れていたという評価が、現在では一般的である。またルートヴィヒは議会や閣僚にその姿を見せることは少なかったものの、内政面でも内閣とは連絡を絶やさず、電信施設を整備し、文書には全て目を通して決裁するなど政務に精勤したこと、自らの君主としてのプライドと権限に対する執着も強かったことが分かっている。これは他の君主に対しても同様で、ドイツ皇帝となったプロイセン王ヴィルヘルム一世が旅行でミュンヘンを通ったときには、わざとミュンヘンを不在にする用件を作り、臣下の礼を取らなければならない会見を拒絶している。

彼の心酔によるとされるヴァーグナーの後援も、君主権威の誇示を通して国家の存在感をアピールする歴代バイエルン君主の政策の延長上とみなし得る。ハプスブルクの陰に隠れて見落とされがちであるが、バイエルン君主は一六世紀のラッソ、一七世紀のケルル、一八世紀のモーツァルトなど、ハプスブルクやザクセン、ハンブルクと並ぶ音楽家の後援者であった。生活の放縦によるヴァーグナー個人の不評にも拘わらず、そのオペラは一八六〇年代にはドイツ民族主義の高揚に乗る形で大好評を博していた。ヴァーグナーを後援してバイエルンからその新作を発信するのは、ドイツ人に向けて文化政策におけるバイエルンの主導性を誇示することになり、音楽上演は財政的に見ても大規模な城館建設や都市計画より合理的な方法だったと言える。彼がミュンヘン市民のヴァーグナーに対する反発を抑えられず、ミュンヘンからの退去を求めたことにその駆け引きや世論操作の未熟さはあるが、一九世紀には君主が宮廷音楽家を召し抱えることなどは昔話で、名声ある音楽家がその国を中心に活動してもらうことが、その国のイメージを広め、存在感の誇示になった。数多くの音楽家が集まったオーストリアはもちろん、ショパンのフランスやドヴォジャークのアメリカもそうである。ヴァーグナーは一時立ち退いたものの、周知のようにルートヴィヒの後援を受けて一八七二年からバイエルン王国内のバイロイトに拠点を構え、そこを彼の「楽都」としている。この点でルートヴィヒは目的を達したことは間違いない。スキャンダルのエピソードを並べただけでは、こうした側面はなかなか見えてこない。

以上ルートヴィヒ二世に至るバイエルン君主の文化に対する姿勢を概観すると明らかなように、彼らにとって文化とは君主の権威および国家の存在感と一体のものであり、その中でも建築は非常に重要な要素であった。ただし彼らには「バイエルン」を「ドイツ」と対抗させる意図はなかった。ルートヴィヒもそうである。「ドイツ」がプロイセンを中心とした軍事・外交上の国家統一に向かう中で行われた彼の文化政策は、文化における「ドイツ」の主導権がバイエルン君主にあることを誇示し、プロイセンの主導権をあくまで軍事・外交の世界に留めておこうとするものだったと考えられる。

それではヒアナイスが目撃した、財政破綻から破滅に至る建築狂がなぜ生まれたのだろうか。一八七〇年代半ば以降、彼は姿を隠し続けたことから、対人恐怖症であったとは推定されている。しかしそれだけでは、自分一人のためにオペラを上演させたり、バイエルン高地を放浪することは説明できても、国庫を傾けるほど城館建築熱にのめり込む理由にはならないし、政務に精勤していたことから見て、好きなことだけをしていたいという逃避願望からだけで説明できない。「彼は夢を見ていた」というオーストリア皇后エリザベートの有名な表現は今でも盛んに引用されるが、なぜ、どのような「夢を見た」のかについては、未だにほとんど論じられていない。

近年の心理学者は、ルートヴィヒが明敏で意欲もプライドも高いがゆえに、政党政治の発展やドイツ統一によって、自らの存在意義に不安を抱いた結果、このような行動を取るようになったと考える傾向にある。外交や軍事に関する権限を一八七一年のドイツ統一によって喪失ないし大幅に制限され、バイエルン国内でも責任内閣制の発展によって、彼による決裁の余地は少なくなっていた。彼は若年で即位したため、このような当時のバイエルン王国の現実を、理屈としては理解しても感覚的に受け入れられなかったらしい。彼はそれに苛立っていたようで、政治でも保守・リベラルに関係なく国王の役割を重視する政党を支持している。このころから専制主義的・絶対主義的な言動が目立ち始めたのも、国王の仕事が失われることへの反発の表現であったと考えられる。ヒアナイスの叙述には、厨房が贅を尽くした料理を出しても味にはあまり関心がないのに、料理の構成や外見にはこだわり、カットの大きさが意に沿わないなど、サービスに手落ちがあると鋭く反応する場面が登場するが、これは国王の威厳を示そうとする絶対君主の傾向を示している。彼が食事の際にフランス絶対王政の三人の寵姫を同席させたかのように振る舞ったのも、想像の中でその時代を再現したかったからに違いない。要するに彼は、専制権力を持つ伝統的君主としての自負心に「生きがい」を感じていたにも拘わらず、それが失われるという焦慮の末、当時台頭しつつある市民社会の現実に挑戦的な行動をとり続けたと考えられる。

ここで建築がバイエルン君主の伝統的には権力誇示の手段であり、絶対王政の時代にはそれが城館建築であったことを思い起こしていただければ、ドイツ統一前後から彼の城館建築熱が急激に高まる理由も浮かび上がるだろう。彼は居住するためでなく、建てて君主の尊厳を示すために、城館を次々と建設したのではないだろうか。彼が最初に計画したのは、一八六九年に建築が始まるネオ・ゴシック様式のノイシュヴァンシュタイン城で、これはよく言われるように、中世ドイツの伝説を舞台としたヴァーグナーのオペラに示唆を受けたものと考えられる。しかし彼はゴシック様式に拘るわけではなく、ネオ・バロック様式のリンダーホーフ城を建てさせ、結局ここに最も長く住む。近年、リンダーホーフのモデルとなったのは、ルイ一四世のヴェルサイユ宮殿に近いマルリー宮殿であったという説が有力である。マルリーは一八世紀初頭のバイエルン選帝侯マクシミリアン二世エマヌエルが、戦に敗れフランスに亡命している間にルイ一四世の世話で仮住まいし、のちにミュンヘン郊外の離宮を造営する着想を得た宮殿である。この城館はフランス革命で破壊されて図しか残っていなかったが、彼はここにフランス宮廷の空間の再現を試みたのであろう。やがて彼がヴェルサイユ宮殿の再現であるヘレンキームゼー城の建築へとヒートアップするのも、その帰結であったと考えられる。その費用は先述の通りヴァーグナーの後援とは比較にならず、王室費を超えて国庫に負担を及ぼす額にのぼったが、一八世紀以来、国庫収入のかなりの部分を君主の尊厳を示す建築に支出するのを当然視するバイエルン君主家で育ったルートヴィヒは、それがなぜいけないのか分からなかっただろう。議会や内閣が国王の経費要求を蹴ったとき、これに激しく憤ったのも、国王の尊厳への挑戦であり、バイエルン王国への叛逆（ほんぎゃく）だと理解したからに違いない。ヒアナイスの描写には、彼が「押し込め」の首謀者に極刑を求める言動が登場するが、いかにも絶対王政の大逆罪を彷彿とさせる。なお一八八六年のルートヴィヒの没時、彼が城館建設のために残した債務は一四〇〇万マルクにのぼったが、これはバイエルン国家財政に一切頼らず、内部の家具調度の売却、関連施設の経営および一般公開による入館料により一九〇一年には完済され、それ以降一〇〇年以上黒字を続けている。

興味深いのは、ヒアナイスはこうした生活を送る国王に時折不安にはなるものの、王を批判するどころか、その宮廷文化の煌びやかさに惹かれてむしろ敬意を高め、オルゴールのエピソードに見られるように、彼自身もその収入の許す範囲で音楽に親しむようになっていることである。このように絢爛たる宮廷文化で人々を驚かせ、その趣味に引き込んで美意識（フランスの社会哲学者ブルデューの言葉では「ハビトゥス」）から心服させることこそ、ハプスブルク家のような代々の帝位の独占やプロイセンのような軍事的栄光を欠いたバイエルン君主が、バイエルンという小国の臣下を長期にわたって支配する秘訣であった。彼のように若年時から汗水垂らして働き、普段からさまざまな文化と交わる余裕のない庶民は、その文化の魅力に抗しがたかったであろう。ミュンヘン市民が王の死を悲しむくだりからは、その「メルヘン」が庶民に及ぼした強い影響力を垣間見ることができる。それにこの回顧録は、彼が宮仕えの料理人として、そしてそれを足がかりに食品商として成功した後に書かれている。つまり彼は、宮廷文化の一環を成していた料理を市場で一般に販売することで地位と名声を得た人物であり、宮廷文化の賛美は、彼のライフワークの価値の無意識的な宣伝にもなっているのである。彼の証言がどのような視点でなされているかを考えるのも、その記録の歴史的評価の上では重要である。

以上ルートヴィヒの背負ったバイエルン君主の支配の伝統に焦点を当てて、ヒアナイスが記録した彼の行動を簡単に見直してみた。ノイシュヴァンシュタインのようにドイツ文化のイメージを構成する象徴的な遺産が、「生まれてきた時代を間違えた」若者の想像力から生み出されてきた事実は、歴史の創造性とは何かについてあらためて考えさせる。本書のヒアナイスの叙述は、単に「伝統の力」という表現では捉えきれない人間の心の支配について、多くの示唆を与えてくれるだろう。

皆川卓（みながわ・たく）
一九六七年生まれ。早稲田大学大学院文学研究科単位取得退学。現在、山梨大学教育学部教授。専門は西洋史。単著に『等族制国家から国家連合へ』（創文社、二〇〇五年）。論文に「西暦一五〇〇年前後の西南ドイツにおける人文主義者・政治と地域的アイデンティティ」（二〇二〇年）、「モビリティーの歴史学のために―中・近世ヨーロッパにおける空間・社会移動の歴史研究の理論的前提」（二〇二三年）など。

訳者あとがき

二〇二二年に主催したイベントでドイツの世界遺産講座シリーズを開催したとき、ノイシュヴァンシュタイン城がテーマになった回がありました。毎回参加者にテーマに即したお菓子などを出していたため、このときも何にすべきか考えました。城を建てたルートヴィヒ二世にまつわるお菓子はないかと検索してみたところ、少ない情報の中、一冊の古い本が見つかりました。それが原書との出会いです。

読んでみるととても興味深く、日本語訳を出版できないかと考えるようになりました。ドイツの出版社に問い合わせてみるとすでに版権が切れており、発行者（著者ヒアナイスの曾姪孫）を探すもすでに他界していました。彼女の訃報記事から彼女の娘である現在の版権所有者ジビレ・シュトゥルマーさんを探し出すことができ、まだ日本での出版も決まらないうちにコンタクトしました。シュトゥルマーさんのご快諾をいただき、NPO法人企画のたまご屋さんを通じて教育評論社に繋がり、念願叶って出版の運びとなりました。

厨房という場所には何かワクワクさせるイメージがあります。様々な食材から美味しい料理が生み出されるだけでなく、情報も集まる場所だからでしょうか。料理は雇い主の健康を守り、楽しませるだけでなく、来客を満足させ、円滑な交流を促し、ひいては主人の権威や富を披露するための重要なツールです。その役割を担う厨房は重要な裏舞台であり、そのためおのずといろいろな情報も集まります。それが外にいる私たちの好奇心をそそるのだと思うのです。

著者テオドア・ヒアナイスがいたのはそんな厨房、しかもあのルートヴィヒ二世の宮廷厨房でした。ノイシュヴァンシュタイン城を筆頭に三つの立派な城を建て、若き日の美貌とヴァーグナーを崇拝したことで知られ、最後に謎の死を遂げたルートヴィヒ二世の素顔は、日本ではあまり知られていないのではないでしょうか。短い回顧録ではありますが、ヒアナイスの耳や目を通してルートヴィヒ二世について語られたこの記録は大変興味深く貴重なものです。

私自身、彼について多くを知らず、最初はどんなものを食べていたのかに興味を持ったはずが、この回顧録を読んで徐々にルートヴィヒ二世自身にも興味が湧いていきました。関連図書や資料を読み、ドイツでは公文書館で当時の資料を見、ルートヴィヒがいた宮殿や博物館、山などを訪ね、少しでもこの本の内容を理解し、疑問への答えを探し、当時の雰囲気を感じ取ってみたいと思いました。

欲をいえばヒアナイスにはもっともっと書いてほしかったと悔やまれるほど、読むほどに知りたいことや疑問が湧いてきます。城の厨房や山小屋で作る料理やレシピの詳細、厨房の仕事、宮廷のしきたり、などなど気になる点は尽きません。

最後に、この企画を繋いでくださったＮＰＯ法人企画のたまご屋さん宮本里香様、この短い回顧録をより日本の読者に理解していただけるよう、解題を担当してくださった山梨大学の皆川卓先生、ドイツ観光局大畑悟様、北嶋裕様、情報や資料、画像をご提供くださったシュトゥルマーさんはじめドイツ各所の皆様、そして全体を巧みにまとめてくださった教育評論社の市川舞様に深い感謝を申し上げます。

森本　智子

二〇二四年二月吉日

日本語版によせて

本回顧録の日本語訳が実現するまでのいきさつには、三人の女性が関わっています。

まずイーダ・ヒアナイス。テオドアとエレオノーレ・ヒアナイス夫妻の末娘です。一九〇八年に夫妻の四人目の子供として生まれ、両親との間に生涯愛情に満ちた関係を持っていました。イーダは四年間アメリカ、ボストンで外国語特派員として働き、一九七〇年代にミュンヘンへ戻りました。

私の母トラウドル・シュトゥルマーは、幼少時代はミュンヘンのヒアナイス家で育ち、大学進学とともに別の町へ移り、その後結婚、小学校の教師として働き、三人の子供を育てました。ミュンヘンを去ってから再び同市へ戻ったのは一九八九年のことで、私たち子供はすでに家を出た後でした。

母はミュンヘンにいる一族に会いたいと思っていました。母の祖父ユリウス・ヒアナイスは、テオドアの兄でした。電話帳で親戚を探したところ、唯一残っていたのがイーダ・ヒアナイスだったのです。二人は面会を果たしましたが、家族のように似ていたことに驚いたそうです。トラウドルは当時六〇歳、イーダは八〇歳でしたが、二人とも華奢な体つきで、エネルギーに溢れ愛情深い女性でした。二人はす

◎左からジビレ・シュトゥルマー、イーダ・ヒアナイス、トラウドル・シュトゥルマー（2000 年）

◎ジビレ・シュトゥルマー（2023 年現在）

ぐに打ち解け、そこから私たち家族も含めた二人の友情が始まりました。二〇〇三年にイーダが亡くなるまで、二人の関係は一四年間も幸せに続いたのでした。

イーダは私の母に、彼女の父の本のライセンス権を遺贈しました。そして母は二〇一〇年にこの本の新版を出しました。現在は絶版となっています。長女である私も出版に際し、母を手伝いました。二〇一九年に母が亡くなると、私が本のライセンス権を譲り受けました。これが今回の日本語訳出版に至った経緯です。

私自身はテオドア・ヒアナイスに会ったことは一度もありません。でも私たち二人には共通点が一つあります。自主的に商工会議所に関わっていることです。テオドアは一九二一〜一九二九年まで、ミュンヘンの小売業総会選出会員でしたし、私はケルンの商工会議所で二〇〇九年からメディア部門に属し、二〇一九年からは副会頭を務めています。この回顧録の日本語訳を手掛けられた森本智子さんは、商工会議所を通して私にコンタクトしてくださったのでした。森本さんにこの場を借りてお礼申し上げます。

原書発行者　ジビレ・シュトゥルマー教授

二〇二三年一一月二六日

［著者］

テオドア・ヒアナイス（Theodor Hierneis）

1868年ミュンヘン生まれ。14歳で料理人見習いとして宮廷厨房に入り、ルートヴィヒ２世の料理人を務める。王の死後ベルリンに移り、ドイツ皇帝ヴィルヘルム2世の宮廷厨房で勤務。1901年よりミュンヘンにてワイン商をかねた高級食材店を経営。1953年に回顧録 *Der König speist: Erinnerungen aus der Hofküche König Ludwigs II. von Bayern* を出版。同年に84歳で死去。

［訳者］

森本智子（もりもと・ともこ）

ドイツで11年間生活。帰国後、ドイツ農産物振興会日本事務所に勤務。2010年に独立し、現在にいたるまでドイツの食品・食文化を普及するための活動に従事。2011年にはドイツ、ドゥーメンスアカデミーにて日本人初のビアソムリエ資格を取得。
著書に『フォトエッセイとイラストで楽しむちいさなカタコト＊ドイツ語ノート』（国際語学社）、『ドイツパン大全』『ドイツ菓子図鑑』（誠文堂新光社）。訳書に『ビア・マーグス』（共訳、サウザンブックス社）。

ルートヴィヒ２世の食卓
——メルヘン王に仕えた宮廷料理人の記憶

2024年3月25日　初版第１刷発行

著　者　テオドア・ヒアナイス
訳　者　森本智子
発行者　阿部黄瀬
発行所　株式会社 教育評論社
〒103-0027
東京都中央区日本橋 3-9-1 日本橋三丁目スクエア
TEL 03-3241-3485
FAX 03-3241-3486
https://www.kyohyo.co.jp
印刷製本　萩原印刷株式会社

ISBN 978-4-86624-098-5　C0022

■事項索引（食材・料理・飲み物）

ナ行

ハ行

マ行

ヤ行

■事項索引（地名・場所）

ハ行

マ行

ラ行

■人名索引

ア行

カ行

サ行

タ行

ナ行

ハ行

マ行

ヤ行

ラ行

附録

DÎNER

de Sa Majesté le Roi.

Munich le 19 février 1884.

Näßl. Consommé aux quenelles de jambon.

Saumon du Rhin à la Béarnaise.

Boeuf aux champignons farcis.

Petits pois au fricandeau.

Sorbet von Waldmeister.

Bécasse rôtie.

Asperges.

Salzburger-Nocken.

Gäßler Glace: Vanille à la Viennoise.

(Speisekarte aus der Zeit König Ludwigs II., Ende 19. Jahrhundert. Bayerische Schlösserverwaltung, Sammlung König Ludwig II.-Museum (Depot), Inv.-Nr.: LIIMus. 3445/3)

ルートヴィヒ２世の ある日のメニュー①

1884年2月19日　ミュンヘン
担当：ネスル

ハムのクネル入りコンソメ

ライン川のサーモン　ベアルネーズ風

ビーフ　詰め物入りマッシュルーム

エンドウ豆のフリカンドー添え

クルマバソウのソルベ

シギのロースト

アスパラガス

ザルツブルガー・ノッケルン

担当：ゲスラー

ウィーン風バニラアイスクリーム

【ベアルネーズ風】：ベアルネーズソースを使った料理。ベアルネーズソースは、卵黄、バター、酢、エシャロットなどを弱火で煮詰めて作る。

【フリカンドー】：フランス料理では、薄切り肉に詰め物をのせて巻いて焼く料理を指す。

【クルマバソウ】：４月～６月に生える植物。風味づけや薬草として用いられる。メニューではドイツ語で表記されている。

【シギ】：当時主にヤマシギが珍重されていたと見られ、ロッテンヘーファーの料理本にもヤマシギのレシピが多数紹介されている。

【ザルツブルガー・ノッケルン】：ザルツブルクの名物料理。地元の３つの山の形に見立てたメレンゲを焼き、熱いうちにソースをかけて食べる。

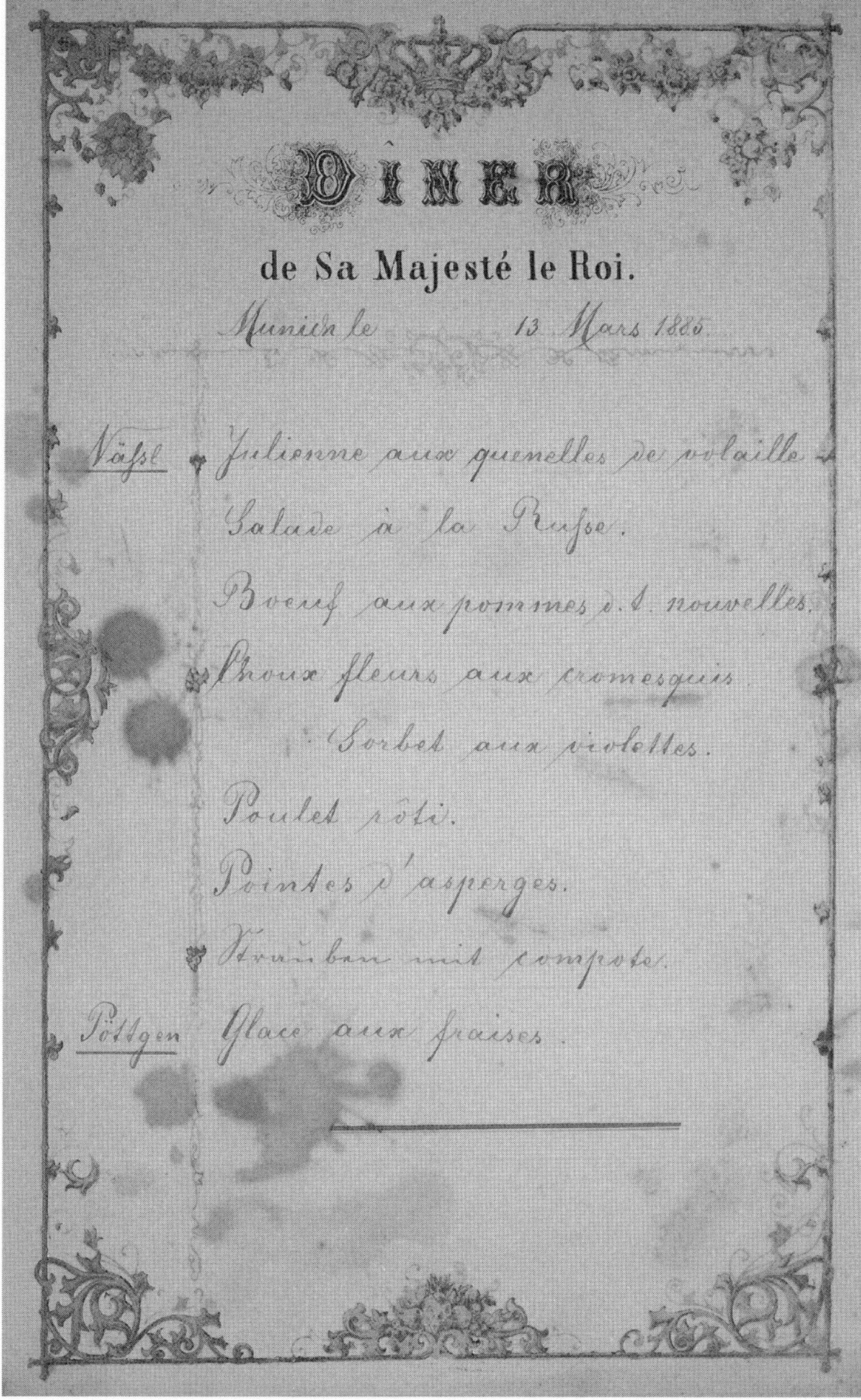

DÎNER

de Sa Majesté le Roi.

Munich le 13 Mars 1885.

Näßl — Julienne aux quenelles de volaille

Salade à la Russe.

Boeuf aux pommes d. t. nouvelles.

Choux fleurs aux cromesquis.

Sorbet aux violettes.

Poulet rôti.

Pointes d'asperges.

Strauben mit compote.

Pöttgen — Glace aux fraises.

(Speisekarte aus der Zeit König Ludwigs II., Ende 19. Jahrhundert. Bayerische Schlösserverwaltung, Sammlung König Ludwig II.-Museum (Depot), Inv.-Nr.: LIIMus. 3445/9)

ルートヴィヒ２世のある日のメニュー②

1885年3月13日　ミュンヘン
担当：ネスル

ジュリエンヌと鶏のクネル入りスープ
ロシア風サラダ
ビーフの新ジャガイモ添え
カリフラワーとクロメスキ
スミレのソルベ
チキンのロースト
アスパラガスの穂先
シュトラウベンのコンポート添え

担当：ペットゲン
イチゴのアイスクリーム

【ロシア風サラダ】:19世紀にロシアで生まれたサラダ。茹でたジャガイモ、ビーツ、根セロリなどの野菜を、マヨネーズ、マスタード、ヴィネグレットで和える。ピクルス、ケッパー、アンチョビなどを加えることもある。

【クロメスキ】：元はポーランド語。肉や内臓にトリュフなどを加えて詰め物を作り、子牛の乳房に包み、衣をつけて揚げるコロッケに似た料理。

【スミレのソルベ】：スミレの花を砂糖と水で煮たシロップとメレンゲで作る。皇妃エリザベートが好んだことでも知られている。

【シュトラウベン】：南ドイツ、オーストリアで食べられる菓子。パンケーキのような生地を漏斗などで細長く油に落として揚げる。

年	ヒアナイスに関するできごと	ルートヴィヒ２世に関するできごと
1845年		8月25日、ニンフェンブルク城にて誕生
1848年		国王マクシミリアン２世即位 弟オットー誕生
1864年		父マクシミリアン死去。ルートヴィヒ２世としてバイエルン国王に即位 リヒャルト・ヴァーグナーをミュンヘンへ招聘
1866年		普墺戦争にてオーストリア側について参戦
1867年		パリ万国博覧会訪問 ミュンヘンのレジデンツにヴィンターガルテンを造らせる バイエルン公女ゾフィー（オーストリア皇后エリザベートの妹）との婚約を破棄
1868年	10月4日、ミュンヘンにて誕生	ノイシュヴァンシュタイン城の基礎工事開始 ミュンヘンに工業大学を創立
1869年		リンダーホーフ城の増築着工
1870年		普仏戦争にプロイセン側について参戦 ドイツ皇帝推戴の書簡に署名
1874年		ヴェルサイユ宮殿を訪問
1878年		ヘレンキームゼー城建築着工。リンダーホーフ城近くにモロッコ風の家を建てる
1879年		プット（天使像）つきソリを造らせる。おそらく世界初の電灯付きソリとなる
1882年	11月1日、14歳で宮廷に入り、王室厨房の見習い料理人となる	ミュンヘンのレジデンツに電話を設置させる ヴァーグナー歌劇「パルジファル」初演
1884年	ルートヴィヒ２世の宮廷料理人を務める	初めてノイシュヴァンシュタイン城に宿泊する
1886年		6月12日、ベルク城に幽閉され、翌日シュタルンベルク湖で遺体となって発見される(享年40)

年	ヒアナイスに関するできごと	その他のできごと
1886 年	摂政ルイトポルトの宮廷料理人を務める	
1888 年		ヴィルヘルム 2 世ドイツ皇帝即位
1890 年	ベルリンの皇帝ヴィルヘルム 2 世の宮廷に実習生として入り、その後皇帝の宮廷料理人となる	
1896 年	エレオノーレ（旧姓ローデラー）と結婚	
1897 年	長男テオ誕生	
1901 年	ミュンヘンにて、ノイハウザー通り 7 番地にワイン商をかねた高級食材店を経営	
1906 年	シュタルンベルクに支店をオープン。ベルク城への食糧調達を行う	
1908 年	末娘イーダ誕生	
1914 年		第一次世界大戦始まる
1918 年		第一次世界大戦終結。ドイツ帝国解体
1921 年	ミュンヘンの商工会議所の会員に選出される（～ 29 年）	
1929 年	ヘルツォークシュピタール 5 番地に食材店を移転。宮廷御用達となる	
1936 年	バイエルン王ルートヴィヒ 2 世の宮廷時代の思い出を書き始める	
1939 年		第二次世界大戦始まる
1940 年	回顧録の私家版『バイエルン王ルートヴィヒ 2 世の宮廷厨房の見習い時代』を出版	
1945 年		第二次世界大戦終結
1951 年	妻エレオノーレ死去	
1952 年	高級食材店を娘イーダに譲渡し、老人ホームに移る	
1953 年	回顧録『王の食事－王ルートヴィヒ 2 世の厨房での思い出』を出版 4 月 19 日、ミュンヘンにて死去（享年 84）	

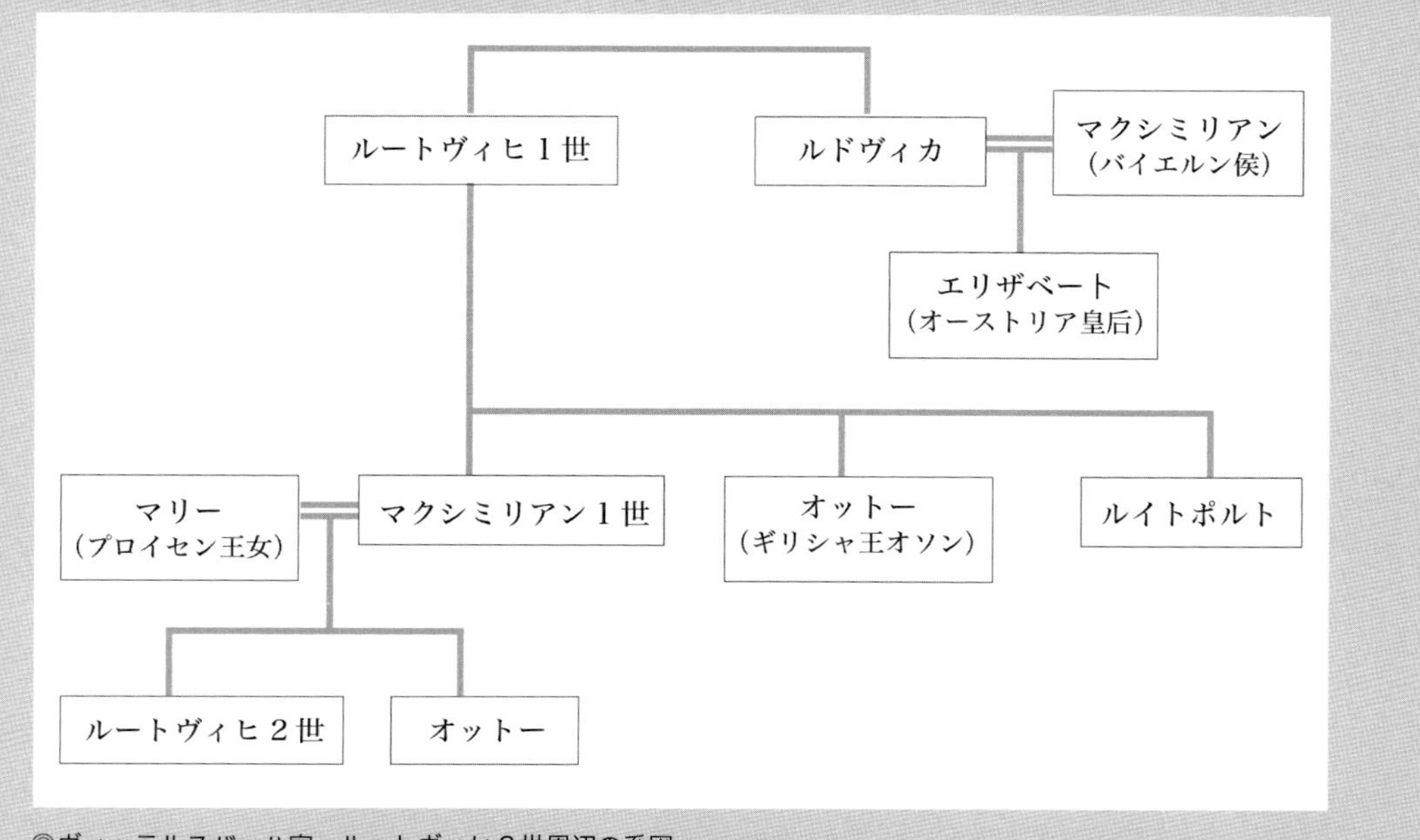

◎ヴィッテルスバッハ家、ルートヴィヒ２世周辺の系図

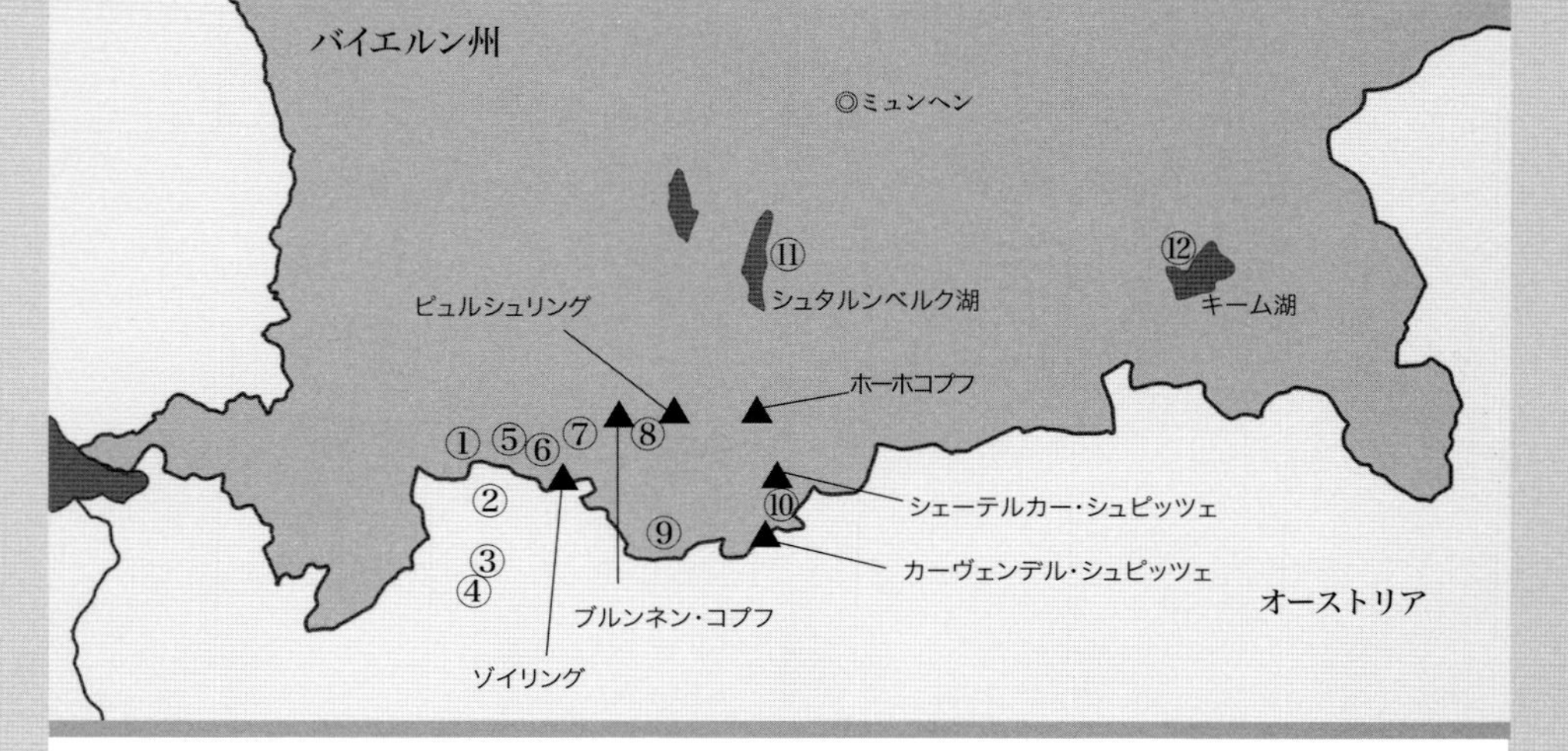

①ファルケンシュタイン城（趾）
②ロイテ
③フェルンパス
④フェルンシュタイン
⑤ホーエンシュヴァンガウ城
⑥ノイシュヴァンシュタイン城
⑦ケンツェンの狩猟小屋
⑧リンダーホーフ城
⑨シャッヘンの御用邸
⑩ゾイエルンハウス
⑪ベルク城
⑫ヘレンキームゼー城

◎回顧録中に登場するルートヴィヒ２世に関連する場所

参考文献・図版出典

【参考文献】

〈ルートヴィヒ２世、その他王室の歴史など〉

ジャン・デ・カール著『狂王ルートヴィヒ――夢の王国の黄昏』三保 元訳、中央公論新社、1983 年
シュミット村木眞寿美著『ルードヴィヒ二世の生涯――生い立ちの謎から死の真相へ』河出書房新社、2011 年
マルタ・シャート著『美と狂気の王ルートヴィヒ 2 世』西川 賢一訳、講談社、2001 年

Heinz Gebhardt, *König Ludwig II. hatte einen Vogel ...: Unglaubliche, aber wahre Geschichten über Bayerns Märchenkönig*, Stiebner Verlag, München, 2012.
Hof- und Staatshandbuch für das Jahr 1849, Königlich Bayerisches Statistisches Landesamt.
Hof- und Staatshandbuch für das Jahr 1864, Königlich Bayerisches Statistisches Landesamt.
Hof- und Staatshandbuch für das Jahr 1884, Königlich Bayerisches Statistisches Landesamt.
John C. G. Röhl, *Hof und Hofgesellschaft unter Kaiser WilhelmII*, 1985.
Klaus Reichold, *Thomas Endl, Die phantastische Welt des Märchenkönigs: Ludwig II.* - Biographie, Edition Luftschiffer, München, 2017.
Marita Krauss, „*Königlich Bayerische Hoflieferanten*“, Volk Verlag, München, 2008.

〈食文化〉

A・ローリー著『美食の歴史』池上俊一監修、富樫 瓔子訳、創元社、1996 年
臼井隆一『コーヒーが廻り世界史が廻る――近代市民社会の黒い血液』中央公論新社、1992 年
千葉好男『お菓子とフランス料理の革命児』鳳書院、2013 年
ノーマン・コルバス著『フォアグラの歴史』田口未和訳、原書房、2021 年

F.W. Hinkert, *Systematisch-geordnetes Handbuch der Pomologie, Band Aepfel*, 1836.
Internationale Kommission zum Schutz des Rheins (IKSR), Rhein & Lachs 2020.
Johann Rottenhöfer, *Der elegante wohlservirte Kaffee- und Theetisch*, 1864.
Johann Rottenhöfer, *Neue vollständige theoretisch-praktische Anweisung in der feinern Kochkunst mit besonderer Berücksichtigung der herrschaftlichen und bürgerlichen Küche*, 1858.

Katja Lau, Renate Schütterle, *Ernst Roscher, Speisen wie ein König - Das königliche Kochbuch von der Tafel Max II. und Ludwig II. Über 100 Originalrezepte aus der Zeit zum Nachkochen*, SüdOst Verlag, München, 2006.

Marx Rumpolt, *Ein new Kochbuch*, 1581.

Peter Peter, *Kulturgeschichte der deutschen Küche*, C.H.Beck, München, 2014.

Peter Wolf, Richard Loibl, Evamaria Brockhoff, *Götterdämmerung König Ludwig II. und seine Zeit Katalog zur Bayerischen Landesausstellung*, Primus Verlag, Frankfurt a.M., 2011.

Richard Hering, *Lexikon der Küche (18)*, Giessen Pfanneberg Verlag, 1978.

Urbain Dubois, *Cuisine de tous les pays, études cosmopolites où sont rassemblées nombre de recettes, allemandes, françaises, italiennes, anglaises, russes, polonaises, etc.*, 1868.

Hegenbarth's Getränke-Buch. Eine Sammlung zeitgemässer Vorschriften, Max Hegenbwarth Verlag, Plauen-Dresden, 1899.

"Am schlimmsten finde ich Effekthascherei auf dem Teller"〈https://www.sueddeutsche.de/stil/kochbuecher-sammeln-escoffier-sternekueche-klassiker-christian-grainer-1.5231832〉（2023 年 4 月 26 日閲覧）

Angelurlaub in der Seenplatte〈https://www.mueritzappartement.de/ferientipps/angeln/〉（2023 年 4 月 26 日閲覧）

Die Hohenzollern: Eine unsichere Existenz〈https://www.spiegel.de/spiegelgeschichte/a-754248.html〉（2023 年 9 月 1 日閲覧）

Der Lauf der Zeit〈http://innsbruck-erinnert.at/der-lauf-der-zeit/comment-page-1/〉（2023 年 4 月 26 日閲覧）

Feigenkaffee im Feigencafe Schrems〈https://www.feigenkaffee.at〉（2023 年 4 月 26 日閲覧）

Gesellschaft Berliner Schloss e.V〈https://www.berliner-stadtschloss.de/〉（2023 年 9 月 1 日閲覧）

Hechtenkraut 'König Ludwig'〈https://hhollatz.de/Rezepte/Profi/Fisch/pdf/Fias1912300.pdf〉（2023 年 4 月 26 日閲覧）

Historischer Überblick über die deutsch-marokkanischen Beziehungen, Botschaft des Königreichs Marokko in der Bundesrepublik Deutschland〈http://www.botschaft-marokko.de/node/14〉（2023 年 9 月 1 日閲覧）

Kochen für den Märchenkönig〈https://www.br.de/radio/bayern2/theodor-hierneis-kochen-fuer-den-maerchenkoenig-100.html〉（2023 年 4 月 26 日閲覧）

König Ludwigs Leibspeise einfach nachgekocht: Hechtenkraut〈https://www.merkur.de/leben/genuss/hechtenkraut-rezept-koenig-ludwig-kini-leibspeise-zr-7134422.html〉（2023 年 4 月 26 日閲覧）

Macht und Repräsentation – Zu Tisch mit Kaiser Wilhelm II., Uwe Spieker-mann〈https://uwe-spiekermann.com/2018/05/12/macht-und-repraesentation-zu-tisch-mit-kaiser-wilhelm-ii/#:~:text=Schon%20direkt%20nach%20der%20Thronbesteigung,Vorspeisen%20und%20zunehmend%20Fischgerichte%20aufgetragen.〉（2023 年 9 月 1 日閲覧）

PRAKTIKEN DER MONARCHIE, Berlin-Brandenburgischen Akademie der Wissenschaften〈https://actaborussica.bbaw.de/〉（2023 年 9 月 1 日閲覧）
Schlossküche〈http://www.berliner-historische-mitte.de/schlossraeume-dateien/schlosskueche.pdf〉（2023 年 9 月 1 日閲覧）
Stiftung Humboldt Forum im Berliner Schloss〈https://www.humboldtforum.org/de/stiftung-humboldt-forum-im-berliner-schloss/〉（2023 年 9 月 1 日閲覧）
Stadtbild Deutschland e.V. "Das lebendige Berliner Schloss"

〈城〉

ユリウス・デーズィング『王城ノイシュヴァンシュタイン』ヴィルヘルム・キーンベルガー出版社、1998 年

Alfons Schweiggert, *Ludiwig II und sein Paradies am Starnberger See.* Aliterea Verlag, München, 2017.
Giesela Haasen, *Schloß Hohenschwangau*, Bruckmann, München, 1998.
Michael Petzet, *Gebaute Träume: Die Schlösser Ludwigs II. von Bayern*, Hirmer Verlag, München, 1995.
Dreams in Stone – the palaces of King Ludwig II of Bavaria: Neuschwanstein, Linderhof and Herrenchiemsee〈https://whc.unesco.org/en/tentativelists/5983/〉（2023 年 7 月 3 日閲覧）

【図版出典】

カバー表	© Bayerische Schlösserverwaltung, Maria Scherf /Andrea Gruber, München
カバー裏	© Bayerische Schlösserverwaltung, Schwenk, München
13 頁	ジビレ・シュトゥルマー提供
18 頁	Bayerische Schlösserverwaltung 提供
23 頁	Bayerisches Hauptstaatsarchiv, Abt. III Geheimes Hausarchiv
25 頁	（上段）www.the-foodtorian.de
28 頁	© Bayerische Staatsbibliothek München/Bildarchiv
38 頁	Johann Rottenhöfer, *Neue vollständige theoretisch-praktische Anweisung in der feinern Kochkunst mit besonderer Berücksichtigung der herrschaftlichen und bürgerlichen Küche*, 1858.
41 頁	同上
55 頁	訳者撮影
57 頁	© Bayerische Schlösserverwaltung, Andrea Gruber, München
60 頁	© Bayerische Schlösserverwaltung, Lucinde Weiss, München
65 頁	© Bayerische Schlösserverwaltung, Konrad Rainer, Salzburg
67 頁	© DZT/Francesco Carovillano
72 頁	© Bayerische Schlösserverwaltung, Rainer Herrmann/Ulrich Pfeuffer/Maria Scherf, München
77 頁	Bayerisches Hauptstaatsarchiv, Abt. III Geheimes Hausarchiv
80 頁	大畑悟撮影
89 頁	（上段）© Wittelsbacher Ausgleichsfonds München Fotograf Thomas Guenter、（下段）大畑悟撮影
90 頁	大畑悟撮影
93 頁	（上段）©DZT/Jim McDonald、（下段）© Bayerische Schlösserverwaltung, MESSBILD-STELLE GmbH, Dresden
96 頁	© DZT/Francesco Carovillano
99 頁	© Bayerische Schlösserverwaltung, Andrea Gruber, München
105 頁	Stadtarchiv/Stadtmuseum Innsbruck, Pt-118
119 頁	© Bayerische Staatsbibliothek München/Bildarchiv
131 頁	訳者撮影
137 頁	© Bayerische Staatsbibliothek München/Bildarchiv
140 頁	ポーランド国立図書館所蔵
146 頁	Bundesarchiv, Bild 146-1993-098-12 / Reichard & Lindner / CC-BY-SA 3.0
153 頁	Bundesarchiv, Bild 146-1998-014-20A / Hoffmann, Herbert / CC-BY-SA 3.0
155 頁	Urbain Dubois, *Cuisine de tous les pays, études cosmopolites où sont rassemblées nombre de recettes, allemandes, françaises, italiennes, anglaises, russes, polonaises, etc.*, 1886.
158 頁	訳者撮影
184 頁	ジビレ・シュトゥルマー提供、（下段）© SilviaBins
Ⅷ頁	© Bayerische Schlösserverwaltung, Maria Scherf / Andrea Gruber, München
X 頁	© Bayerische Schlösserverwaltung, Maria Scherf / Andrea Gruber, München